Hermann Schrader

Sämmtliche Werke

Hermann Schrader
Sämmtliche Werke
ISBN/EAN: 9783743651337

Hergestellt in Europa, USA, Kanada, Australien, Japan

Cover: Foto ©Andreas Hilbeck / pixelio.de

Weitere Bücher finden Sie auf **www.hansebooks.com**

Herrm. Schrader's Schriften, 21. Bändchen.

Neues
Handbuch der Zeuchfärberei
und
Zeuchdruckerei.

Erster Theil.

Die Darstellung der zum Bedrucken sich eignenden Grundfarben,

die Bereitung und Anwendung

der

neuesten und vorzüglichsten Verdickungsmittel und Appreturmassen

und

die Gewinnung

der Salze, Säuren und Farbesubstanzen auf chemischem Wege

behufs der Zeuchfärberei und des Zeuchdrucks.

Nach

eigenen in Deutschland, Frankreich, England, Belgien und der Schweiz gemachten und erprobten praktischen Erfahrungen und nach dem neuesten Standpunkte der Kunst.

Leipzig, 1862.
C. F. Amelang's Verlag.
(Friedr. Volckmar.)

Vorwort.

Soll die Kunst des Zeuchdrucks und der Zeuchfärberei sicher, leicht und lohnend sein, so muß man den gewöhnlichen Weg, auf welchem man bisher zum Ziele zu gelangen strebte, verlassen und die Grundlage derselben, auf die sie sich stützt — die hierzu unumgänglich nöthige Chemie — erlernen.

Diesem Grundsatz bin ich schon als Färber- und Zeuchdruckerlehrling nachgekommen, denn ich habe von der Pike an in dieser Kunst gedient und sie als eine der angenehmsten gefunden.

Es giebt aber wohl kein Geschäft, welches mehr Ordnung, Genauigkeit und Scharfsinn erfordert, als die Zeuchdruckerei und Färberei. Wie sehr muß man seine Gedanken sammeln, um die Gesetze der Natur zu erforschen, und überlegen, ob man im Stande ist, vielleicht selbst zufällige Entdeckungen der Art zu durchdringen und deren Grund wissenschaftlich zu erforschen.

So wie Schießpulver und Porzellan, Glas, Daguerreotypie und unzählige Dinge durch einen Zufall entstanden, indem unbewußt chemische Stoffe mit einander in Berührung kamen und jene großen Erscheinungen als ein sichtliches wunderbares Ganzes zu Tage brachten, — so mag ich, meine lieben Collegen, nicht untersuchen, welch' zahllose Vervollkommnungen in unserer Kunst ihren Ursprung dem Zufall verdanken! Aber diesen glücklichen Zufall festzuhalten, nicht zu ruhen und zu rasten, bis man seine Naturgesetze ergründet hat, das ist die Aufgabe der Färbekunst — nur so wird das Zufällige zum bleibenden Gesetz!

Den Grund zu meinen chemischen Kenntnissen habe ich fast einzig und allein dem für die Kunst des Zeuchdrucks und der

Färberei vielfach thätig gewesenen hochverdienten Chemiker Geheimrath Hermbstädt zu danken; denn dieser große Chemiker wirkte meist nur für die technischen Künste und Gewerbe und seinen Bemühungen und Forschungen ist es hauptsächlich zuzuschreiben, daß man in denselben so weit fortgeschritten ist.

Jetzt ist freilich dem Gelehrten gut predigen, — jedoch sind viele unserer gelehrten Chemiker auf dem Holzwege — d. h. ihre Angaben sind nicht für den einfachen Fabrikanten geeignet, da sie gewöhnlich eine Menge dem Deutschen unverständliche Wörter und Ausdrücke enthalten, sodaß diese sogenannten chemischen Anleitungen oft mehr Nachtheil, als Vortheil verursachen können.

Mit den mir früher erworbenen chemischen Kenntnissen ausgerüstet, habe ich in den späteren Jahren in England, Frankreich 2c. das Glück gehabt, die für technische Künste und Gewerbe anwendbare, jetzt so fortgeschrittene höhere Chemie zu erlernen, welche namentlich für den Zeuchdruck in jetziger Zeit von großer Wichtigkeit ist und daher jedem angehenden sowohl, als auch dem schon praktisch in seiner Kunst arbeitenden Färber, Zeuchdrucker, Schönfärber und Fabrikant angenehm sein sollte.

Die in dieser Schrift enthaltenen Mittheilungen für Zeuchdruck, Färberei, Appretur sind sämmtlich die neuesten praktischen Erfahrungen, die ich in der Neuzeit gesammelt, jedoch erst jetzt der Oeffentlichkeit übergebe.

Wie seit einer Reihe von Jahren, werden sich meine Herren Collegen hoffentlich auch durch diese Schrift in Allem befriedigt finden.

Herrmann Schrader.

Inhalts-Verzeichniß.

Seite

Erste Abtheilung. Grundriß der allgemeinen Chemie, in ihrer Anwendung für die Zeuchdruck- und Färbekunst, sowie für andere technische Künste und Gewerbe ... 1

1—3. Von den Gegenständen der Chemie und die Mittel, sie zusammenzusetzen oder zu zerlegen 2
4. Der Sauerstoff 3
5. Der Stickstoff (Stickstoffgas) 3
6. Der Wasserstoff und das Wasserstoffgas (Wasser) 4
7. Der Kohlenstoff 6
8. Der Wärmestoff (Wärme) 8
9. Die atmosphärische Luft 10
10. Das Licht 10

Zweite Abtheilung. Von der Erkennung der Güte und Anwendung der beim Zeuchdruck, der Färberei und anderen Künsten und Gewerben verwendeten chemischen Producte und Farbmaterialien, sowie ihre Entstehung. Nach den neuesten Erfahrungen und Fortschritten faßlich dargestellt 12

    Die Pflanzenstoffe (Vegetabilien) 12
    Weinsäure (Weinstein) 12
    Crystall tartari (gereinigter Weinstein) 13
    Weinsteinsäure 13
    Citronensäure (Citronensaft) 14
    Aepfelsäure (Vogelbeersäure) 14
    Zuckersäure (Sauerkleesäure, Oxalsäure) 15
    Indigo-Schwefelsäure (Indigo-Carmin, Lappen-Indigo-Tinctur) 15
      1) Reinigung der schwefelsauren Indigolösung mittelst Schafwollappen oder Schafwolle 16
      2) Indigo-Carmin 17

	Seite
Essigsaurer Indigo	16
Zinn-Indigo (für echt Blau)	18
Pikerinsäure	19
Essigsäure (Essig, Holzessig)	19
Indigo	20
Orseille (Orseille-Extract)	22
Persio (Cudbeard)	23
Orlean	24
Quercitron (Quercitronrinde)	25
Wau	26
Scharte. Ginster	26
Rothholz. Rothholz-Extract	26
Blauholz. Blauholz-Extract	28
Gelbholz. Gelbholz-Extract	29
Kreuzbeere (Avignonbeere)	31
Krapp (Garancine, Garence)	31
Catechu. Japonica	34
Sumach, auch Schmak genannt	35
Galläpfel, Bablah, Dividivi, Mirabola	35
Baumwolle	36
Lein (Flachs)	37
Hanf. Manilla-Hanf	38
Oele	38
Pflanzenstoffe	40

Dritte Abtheilung. Die metallischen Körper und ihre Verbindung mit Säuren und Salzen in ihrer Anwendung für den Zeuchdruck und die Färberei 41

Schwefelsäure (Vitriolöl, Eisöl)	42
Salpetersäure (Scheidewasser)	44
Salzsäure	45
Chlor	45
Laugensalze (Kali, kohlensaures Kali, Pottasche)	45
Soda (Natron, kohlensaures Natron)	47
Kalk	48
Chlorsaurer Kalk (Bleichkalk, Bleichpulver)	49
Kaustisches Kali. Kaustische Lauge	49
Alaun (Alumium). Thonerde. Alaunerde	50
Essigsaure Thonerde (Thonerdeansätze)	51
Anilin (Fuksin)	53
Ultramarin (Polka-Blau)	54

Vierte Abtheilung. Von den Metallen und deren Verbindungen mit Salzen und Säuren, welche im Zeuchdruck, der Färberei und anderen Gewerben verwendet werden 55

Eisen. Eisensalze. Eisenvitriol	56

	Seite
1) Eisenvitriol, Kupferwasser (schwefelsaures Eisenoxydul)	56
2) Salzsaures Eisen (Eisenchlorür, Chloreisen)	57
3) Salpetersaures Eisen (salpetersaures Eisenoxyd)	58
4) Salpeterschwefelsaures Eisen	58
5) Cyan-Eisen (Blutlaugensalz, blausaures Kali, Berliner Blau, rothes Blutlaugensalz)	59
Essigsaures Eisen (essigsaures Eisenoxyd). Holzessigsaures Eisen	60
Kupfer (Kupfervitriol oder Blaustein, Grünspan, krystallisirter Grünspan)	61
Blei (essigsaures, salpetersaures und chromsaures Blei)	64
Zinn. Salpetersaures Zinn. Chlorzinn. Zinnsalz. Schwefelsalzsaures Zinn	65
Zink. Zink-Vitriol. Chlorzink	68
Braunstein (Mangan, Chlorgas)	69
Chrom. Rothes chromsaures Kali	70
Arsenik. Arseniksäure. Arsenige Säure. Rothes Arsenik	71

Fünfte Abtheilung. Von den thierischen Stoffen und deren chemischen Verbindungen, welche im Zeuchdruck, der Färberei und anderen Künsten und Gewerben Verwendung finden 73

Schafwolle	73
Seide	76
Cochenille	78
Cochenille Ammonial (Cochenille préparé)	81
Lack-Dye (Färberlack, Lacklack)	81
Ammonial. Salmiak. Salmiakgeist	82
Leim (Gelatine, flüssiger Leim)	83
Blutlaugensalz, siehe Cyan-Eisen.	
Harn (Urin)	84
Seife. Talgseife. Oelseife	85

Sechste Abtheilung. Die Weißbleiche und das Färben der zum Bedrucken bestimmten baumwollenen, leinenen, schafwollenen und seidenen Gewebe (Zeuchstoffe) für Tafel-, Beiz- und Oeldruck 8

1. Das Färben der zum Bedrucken bestimmten baumwollenen und leinenen Zeuchstoffe	87
Die Weißbleiche (chemische Bleiche) für baumwollene und leinene Gewebe (Zeuchstoffe) nach neuem praktischen Verfahren	88
2. Die kalte Indigo-Küpe, sowie Ansatz und genaue Leitung derselben	92
3. Echt Braun aus Catechu für Tafeldruck	94
4. Braun aus Rothholz für Beizdruck (Freßdruck), Tafel- und Oeldruck	96
5. Roth (unecht Türkischroth) aus Rothholz, für Tafel- und Beizdruck	98

		Seite
6.	Eisenblau aus blausaurem Kali	99
7.	Hellgelb (Citron.) aus chromsaurem Kali	100
8.	Goldgelb aus chromsaurem Kali	101
9.	Orange aus chromsaurem Kali	102
10.	Echt Grün aus der kalten Indigoküpe und Quercitronrinde . .	103
11.	Maigrün aus Quercitronrinde und Lappen-Indigo-Tinctur . .	105
12.	Schwarz aus holzessigsaurem Eisen und Blauholz	106
13.	Silbergrau aus Gallus (Galläpfel)	107
14.	Chamois aus holzessigsaurem Eisen	108

Erste Abtheilung.

Grundriß der allgemeinen Chemie, in ihrer Anwendung für die Zeuchdruck- und Färbekunst, sowie für andere technische Künste und Gewerbe.

Die technischen Künste und Gewerbe sind in der Neuzeit sämmtlich im Fortschritt begriffen, welches nur dadurch möglich geworden, daß man sich bei der Ausübung derselben jetzt hauptsächlich auf die Grundsätze der Chemie stützt, welche dem einfachen Praktiker die geeignetste Anleitung giebt, die früher mit den Operationen namentlich in der so verzweigten Zeuchdruck- und Färbekunst verbundenen zahllosen Schwierigkeiten nicht nur mit Ehre, sondern auch mit Nutzen zu überwinden.

Es ist daher gewissermaßen Pflicht und Schuldigkeit jedes angehenden Lehrlings sowohl, als auch des bereits practicirenden Zeuchdruckers, Schönfärbers und Fabrikanten, sich mit den Regeln der Chemie bekannt zu machen, denn sie allein ist es, die nach festen Grundsätzen die Reihe von Zusammensetzungen und Zerlegungen der so vielfach verzweigten Naturkörper vermittelt.

Ich habe es mir daher zur strengen Aufgabe und Pflicht gemacht, in diesem Grundriß der allgemeinen Chemie alles dahin Bezügliche faßlich, deutlich und verständlich mitzutheilen und alle dem einfachen Praktiker oft unverständliche lateinische Ausdrücke und Benennungen vermieden; denn diese führen oft zu Irrthümern und können ebenso zu manchem großen Nachtheil und Schaden Veranlassung geben.

Von den Gegenständen der Chemie und die Mittel, sie zusammenzusetzen oder zu zerlegen.

1.

Man kennt die chemischen Körper in dreierlei Zuständen: fest, flüssig (liquid) und gasförmig.

Der feste und flüssige Zustand eines Körpers ist abhängig von einer Anziehungskraft, die zwischen seinen kleinsten Theilen thätig ist, die aber aufhört sich zu äußern, wenn sich diese Theilchen in gewisser Entfernung von einander befinden.

2.

Durch Zuführung von Wärme entfernen sich die Theilchen der Körper von einander, durch Entziehung von Wärme nähern sie sich. Durch Erwärmung dehnen sich die Körper aus, und durch Abkühlung ziehen sie sich zusammen. Durch Wärme werden feste Körper flüssig, flüssige gasförmig. Durch Entziehung von Wärme werden gasförmige Körper flüssig, flüssige fest.

3.

Alle Körper unserer Erde, und alles dessen, was darauf ist, sind entweder zusammengesetzte oder einfache; die zusammengesetzten lassen sich in die einfachen zerlegen; die einfachen Körper (die Elemente) sind durch kein Mittel zerlegbar.

Von den bis jetzt bekannten einfachen Körpern hat man 55 an der Zahl und sind folgende: Sauerstoff, Schwefel, Kupfer, Blei, Eisen, Silber, Gold, Stickstoff, Selen, Tellur, Phosphor, Arsenik, Antimon, Chlor, Brom, Jod, Fluor, Kohlenstoff, Bor, Kiesel, Kalium, Natrium, Lithium, Barium, Strontium, Calcium, Magnesium, Alumium, Beryllum, Ytrium, Zirconium, Thorium, Cerium, Lanthan, Mangan (Braunstein), Kobalt, Nickel, Zink, Zinn, Uran, Kadmium, Quecksilber, Palladium, Rhodium, Platin, Iridium, Osmium, Chrom, Titian, Tantal, Wolfram, Molybdän, Vanadium und Wasserstoff.

Von diesen genannten Körpern finden aber nicht alle für den Zeuchdruck, die Färberei und andere technische Künste und Gewerbe

Verwendung, es kann daher nur von denjenigen die Rede sein, welche in den in dieser Schrift mitgetheilten Künsten und Gewerben angewendet werden.

4.
Der Sauerstoff.

Der Sauerstoff ist eine einfache Substanz und ist von allen Stoffen in größter Menge vorhanden, wenigstens $1/3$ unserer Erde ist Sauerstoff; außerdem ist er wesentlicher Bestandtheil verschiedener Thier- und Pflanzenstoffe.

Man findet ihn niemals frei, sondern jederzeit in Verbindung mit anderen Körpern, namentlich in großer Menge im Braunstein (Mangan).

Er ist ein farbloses Gas ohne Geruch und Geschmack und äußert seine Wirkung hauptsächlich dadurch, daß brennende Körper in der gewöhnlichen Luft, die natürlich mit Sauerstoff geschwängert ist, leichter verbrennen.

Diese Vereinigung ist die Ursache der Erscheinung, die man Verbrennen oder Feuer nennt; d. h. die Entwickelung von Wärme und Licht.

Um sich mit dem Sauerstoff zu verbinden, müssen die meisten Körper der freien Luft ausgesetzt oder auch bis zu einem gewissen Grade erhitzt werden.

Einen mit Sauerstoff verbundenen Körper nennt man ein Oxyd oder oxydirten Körper; z. B. wenn sich gewöhnlicher Schwefel mit Sauerstoff verbindet, entsteht Schwefelsäure (englisches Vitriolöl).

Der Sauerstoff ist von dem deutschen Chemiker Scheele im Jahre 1774 entdeckt worden.

5.
Der Stickstoff (Stickstoffgas)

findet sich ebenfalls wie der Sauerstoff in großer Menge in der Luft, außerdem ist er ein wesentlicher Bestandtheil vieler Thier- und Pflanzenstoffe.

Er ist ein farbloses Gas, ohne Geruch und Geschmack, leichter als die Luft und nicht brennbar; im Stickstoffgas sterben Thiere und verlöscht das Feuer, daher sein Name.

Die Darstellung desselben wird vollzogen, daß man der atmosphärischen Luft das Sauerstoffgas, z. B. durch glühendes Eisen, entzieht, worauf das Stickgas allein zurückbleibt.

Eine eigene Operation zur Darstellung des Stickstoffgases bildet das bekannte Schwefeln der Schafwollen- und Seidenstoffe; hierbei verbindet sich der brennende Schwefel mit dem Wasserstoff, der in den zu bleichenden mit Wasser gefeuchteten Gegenständen enthalten ist, wodurch zwar keine Verbrennung derselben, jedoch eine Erstickung jedes thierischen Körpers stattfindet.

6.
Der Wasserstoff und das Wasserstoffgas (Wasser).

Der Wasserstoff ist eine einfache Substanz, durch deren Verbindung mit dem Sauerstoff Wasser entsteht, woher diese Substanz auch ihren Namen hat. Es ist ein wesentlicher Bestandtheil aller Thier- und Pflanzenstoffe.

Derselbe ist ein farbloses Gas ohne Geruch und Geschmack, der leichteste aller Körper, 15 Mal leichter, als die Luft, läßt sich leicht entzünden und verbrennt mit wenig leuchtender Flamme.

Am einfachsten wird derselbe dargestellt, wenn man Wasserdämpfe über glühendes Eisen leitet, oder Zink mit einer Mischung von reinem Wasser und Schwefelsäure (englischem Vitriolöl) übergießt. In beiden gedachten Fällen nimmt das Metall den Sauerstoff des Wassers auf, dessen Wasserstoff frei wird und als Gas sich verflüchtigt.

Wegen seiner Leichtigkeit wird das Wasserstoffgas zur Füllung der Luftballons angewendet, und auf seiner Entzündlichkeit beruht die Einrichtung der Wasserstoffzündmaschinen. Man bildet diese Masse aus reinem kalten Wasser, Schwefelsäure und Zink.

Demnach ist das gewöhnliche Fluß- oder Quellwasser keine einfache Substanz, wie man früher glaubte, sondern, wie bemerkt, das Erzeugniß der Verbindung von Wasser- und Sauerstoff.

Das Wasser findet sich in drei natürlichen Zuständen: im festen, als Schnee oder Eis; im flüssigen, in welchem es am meisten vorkommt, und im Zustande des Dunstes (Nebel), in welchem letztern Zustande es einem Gas sehr ähnlich ist.

Das meiste Fluß- und Quellwasser ist unrein und enthält meist salz- oder kalkhaltige Theile, welche in manchen Fällen die Farben benachtheiligen. Selbst das Regenwasser wird oftmals bei Gewitterregen durch Schwefeldunst verunreinigt.

Eine der nützlichsten Eigenschaften des Wassers ist seine Reinheit, wodurch es geschickt wird, sowohl in allen Zweigen der Zeuchdruckerei und Färberei, als auch in anderen technischen Gewerben vortheilhafte Anwendung zu finden.

Um sich ein von allen fremdartigen Theilen freies Wasser zu verschaffen, muß man dasselbe destilliren; diese Operation ist jedoch zum großen Betrieb der Zeuchdruckerei und Färberei selten ausführbar.

Eine andere Methode, das Fluß- oder Brunnenwasser (Quellwasser) von fremdartigen Salzen zu reinigen, ist durch das Filtriren desselben zu bezwecken, zu welchem Behuf man die Flüssigkeit durch abwechselnde Schichten von Kohlenpulver und groben Sand durchlaufen läßt. Dieses Verfahren kann ebenfalls nicht im großen Färbereibetrieb angewendet werden.

Um ein hartes Wasser (Brunnen- oder Quellwasser) von den meistens darin enthaltenen Kalktheilen oder anderen salzigen Substanzen zu befreien, so daß man dasselbe zur Zeuchdruckerei und Färberei ohne Nachtheil in Anwendung bringen kann, ist folgendes Verfahren das einfachste.

Man löst für 100 Berliner Quart Wasser (200 Pfund), welches man reinigen will, 2 ℓ. calcinirte **Soda** oder beste **Pottasche** in 10 Berliner Quart (20 Pfund) reinem, scharf heißem Wasser auf, schüttet in die Lösung 4 ℒth. zerschnittene Marseiller oder jede andere gute weiße Seife und rührt diese Mischung gut um, damit die Seife vollkommen gelöst wird.

Hierauf erhitzt man die zu reinigende Flüssigkeit zum Kochen und setzt derselben die gelöste Soda und die Seifenflüssigkeit hinzu. Es bildet sich auf der Oberfläche derselben ein dicker Schaum, den man mit einer Schaumkelle vorsichtig abnimmt; in diesem Schaume sind die in dem Wasser enthaltenen nachtheiligen Substanzen enthalten. Das durch dieses Verfahren erhaltene Wasser ist weich und kann so gut wie Flußwasser geeignete Anwendung finden.

Auch kann man ein hartes Wasser durch einen Zusatz von Weizenkleie reinigen, wobei sich die unreinen Theile desselben an die schleimigen Theile derselben anhängen, wobei aber ebenfalls der sich zeigende Schaum abgenommen werden muß.

Den größten Nachtheil zur Darstellung heller, glänzender Farben verursacht ein mit Eisensalzen gemischtes Wasser. Um sich von der Gegenwart von Eisentheilen zu überzeugen, füllt man ein gläsernes Gefäß mit dem zu prüfenden Wasser und setzt der Flüssigkeit sehr wenig **blausaures Kali** (Blutlaugensalz) hinzu. Nimmt dieselbe eine bläuliche Farbe an, so enthält das Wasser Eisentheile.

Gegen die Fäulniß schützt man das Wasser am besten, daß man dasselbe in ausgebrannten (verkohlten) Fässern aufbewahrt und der Flüssigkeit sehr wenig Schwefelsäure (englisches Vitriolöl) hinzusetzt.

7.
Der Kohlenstoff.

1) Im reinen Zustande kommt derselbe in der Natur als **Diamant** und als **Graphit** mit Kohlensäure verbunden vor.

Der Diamant ist der härteste aller Körper, farblos, durchsichtig und glänzend. Im Sauerstoffgas läßt sich derselbe entzünden und verbrennt ohne Rückstand zu Kohlensäure.

2) Die vegetabilische Kohle. Alle Pflanzenstoffe werden durch die Glühhitze zerstört, und es bleibt der größte Theil ihres Kohlenstoffgehalts, bei Ausschluß der Luft, als vegetabilische Kohle zurück. Auf diese Weise erhält man die gewöhnliche Holzkohle.

Die äußere Beschaffenheit der Holzkohle und die Güte derselben ist sehr verschieden und hängt von der Natur des Pflanzenstoffs ab, aus dem sie entstand. Sie ist schwarz, undurchsichtig, glänzend und porös.

Sie hat die Eigenthümlichkeit, viele Stoffe der verschiedensten Natur aus ihren Auflösungen auf sich niederzuschlagen, so namentlich gefärbte und riechende Stoffe organischen Ursprungs, daher ihre Anwendung zur Entfärbung von Flüssigkeiten, zur Entfernung des Geschmacks von faulem Wasser, zur Erhaltung von Fleisch ꝛc. Größere Massen sehr feinen Kohlenpulvers können sich sehr leicht entzünden, in Folge jener Eigenschaft aber sind sie fähig, Luft und Wassergas einzusaugen.

Beim Verbrennen der Holzkohle entwickelt sich eine gasartige Kohlenstoffsäure, die für jedes lebende Wesen durch Erstickung tödtlich wirkt, daher darf man sich nicht in geschlossenen Räumen, wo Holzkohlen entzündet sind, aufhalten, ohne den Zutritt der Luft zu bewirken.

3) **Die thierische Kohle** entsteht durch Verkohlung von Thierstoffen. Sie ist meist von geschmolzenem Ansehen, glänzend und schwerer verbrennbar, als Holzkohle.

Dieselbe besitzt in noch höherem Grade die Eigenschaft, aufgelöste Stoffe zu fällen, daher ihre vielfache Anwendung zur Reinigung und Entfärbung des Zuckers.

Sie wird aus Thierknochen schwarz gebrannt, feingepulvert und unter dem Namen Beinschwarz in den Handel gebracht und zu dem bemerkten Behuf verwendet.

4) **Die Steinkohle.** Dieses bekannte Naturprodukt findet sich in fast allen Theilen der Erde, kommt jedoch überall meist von verschiedener Güte vor.

Die Bestandtheile derselben sind kohlenstoffhaltige Gase, woher die gute Brennbarkeit derselben.

Dieses Gas, merkwürdig wegen seiner Anwendung zur Gasbeleuchtung, wird zu diesem Endzweck durch Destillation der Steinkohlen nach folgendem Verfahren erzeugt.

Die Steinkohlen werden in gußeisernen Gefäßen geglüht, wodurch sich das Kohlenwasserstoffgas entwickelt. Nachdem es in den ersten großen Ableitungsgefäßen viel Theer (Steinkohlentheer) abgesetzt hat, wird es zur weiteren Reinigung durch Heu oder Moos und locker aufgeschichteten gelöschten Kalk in die großen Gasbehälter geleitet, von da in die Gasleitungsröhren gedrückt, und endlich dahin befördert, wo es zum Leuchten dienen soll.

Der erhaltene Steinkohlentheer kann durch Destillation mit Wasser gereinigt werden; es geht hierbei ein öliger Körper über, und was zurückbleibt, bildet eine früher nicht gekannte Masse, in welcher man jedoch jetzt das Anilin entdeckt hat, welches zum Färben der Seide und Schafwolle für die schönsten rosenrothen und Carmoisinfarben bedeutende Verwendung findet.

Das Anilin ist jetzt käuflich zu haben. Es kommt in dickflüssigem Zustande und von lebhafter Carmoisinfarbe vor. Im festen (krystallisirten) Zustande ist dasselbe von außen in gelblichen Krystallen, die sich jedoch in heißem Wasser leicht lösen. Die Krystallisation des flüssigen Anilin verursacht viele Mühe, wodurch dasselbe vertheuert wird.

8.
Der Wärmestoff (Wärme).

Was Wärme ist, ist Jedem durch sein Gefühl bekannt. Den Stoff selbst, der sie bildet, kennt man nicht näher; er ist unsichtbar, unwägbar, und blos durch seine Wirkungen auf andere Körper bekannt. Der Wärmestoff ist demnach die Ursache der Wärme, und die Wärme ist die Wirkung des Wärmestoffs. Tritt daher der Wärmestoff in einen Körper über, oder häuft er sich in demselben an, so sagt man: er wird erwärmt; verläßt er ihn, so wird er erkältet.

Wird der Wärmestoff zugleich mit Lichtstoff verbunden, so entsteht das Feuer.

Von dem Körper, aus dem diese Entbindung erfolgt, sagt man: er glüht, wenn sie aus seiner ganzen Masse stattfindet, und er brennt, wenn sie blos aus den von ihm aufsteigenden Dämpfen vor sich geht. Im letzteren Falle bilden diese brennenden Dämpfe eine Flamme, die entweichenden, nicht brennenden den Rauch.

Der aus einem Körper sich entwickelnde Wärmestoff zerstreut sich schnell in den benachbarten Raum, oder tritt in andere Körper über.

Das Vertheilen des Wärmestoffs geschieht auf drei Arten: durch Zurückwerfen, durch Ausstrahlen und durch Fortleiten.

Die Menge Wärmestoff, die ein Körper bei gleicher äußerer Wärme erhält, ist übrigens seiner Natur nach sehr verschieden. Außerdem hat auch jeder Körper die Fähigkeit, sich mit Wärme in unbestimmter Menge zu verbinden, verändert aber dann seinen Zustand. Er wird flüssig entweder tropfartig, oder bei mehr Wärme luftartig flüssig. So wird das Eis in Verbindung mit Wärme zu Wasser. So werden alle Metalle durch Wärme flüssig und durch noch mehr Wärme verflüchtigt.

Die Quellen des Wärmestoffs sind:

1) die Sonne, welche Strahlen von Wärmestoff ausströmt. Sie führt der Erde die meiste Wärme zu;

2) das Verbrennen, oder die Verbindung des Sauerstoffs der Luft mit brennbaren Körpern;

3) der Druck oder Stoß, weil dieser eine Verdichtung hervorbringt und dadurch den Körper veranlaßt, Wärme zu entwickeln. So entsteht durch Aneinanderschlagen vom Stahl und Feuerstein ein Funken;

4) die Verbindung verschiedener Körper, wenn dabei ihre Dichtigkeit zunimmt. So wird viel Wärme frei, wenn man gebrannten Kalk mit Wasser löscht, indem sich dieses dabei mit einem festen Körper (Kalkhydrat) verbindet.

Die Mittel, um die Wärme zu erzeugen, sind sehr verschieden, und es verdient dies die größte Beachtung namentlich für die Zeuchdruckerei und die Färberei, sowie für jedes andere technische Gewerbe, bei welchem Flüssigkeiten vielfach erhitzt werden müssen, damit dasselbe möglichst billig und schnell vollzogen werden kann.

Zur Erhitzung der wässerigen Flüssigkeiten für den technischen Betrieb bringt man verschiedene Brennstoffe in Anwendung, nämlich Holz, Torf, Braunkohle, Steinkohle ec. Diese Brennstoffe unterscheiden sich in Hinsicht der Menge Wärme, welche sie hervorbringen.

Das Buchenholz in möglichst trockenem Zustande erzeugt die größte Hitze unter allen bekannten Holzarten. Diesem folgt das Eichen- und Birkenholz. Diese Holzarten erzeugen doppelt mehr Hitze, als Weiden- und Pappelholz.

Das Verhältniß der Steinkohlen zu den Holzarten ist vortheilhafter, läßt sich jedoch nicht genau bestimmen, da die Steinkohlen an Heizkraft sehr verschieden sind. Um die Güte des Brennstoffs zu prüfen, muß man das Wasser dem Verdunsten unterziehen.

Ein Pfund bester englischer Steinkohle (Haswell Kol) bringt 3 Pfund Wasser zum Verdunsten, dagegen 1 Pfund Tannenholz nur 16 Loth. Gute Ruhr-Steinkohlen ergeben ein gleiches Resultat.

Die sächsischen, namentlich die Zwickauer Steinkohlen, zeigen sich beinahe von gleicher Güte.

Die Coaks, welche aus der Steinkohle nach Bereitung des Leuchtgases entstehen, brennen nicht mit heller Flamme und erzeugen nicht den Hitzegrad, als die Steinkohlen.

Der Torf kommt in Güte sehr verschieden vor und kann nur in Gegenden, wo derselbe in Menge und billig zu haben ist, vortheilhaft verwendet werden.

Die Braunkohle, ein dem Torf ähnliches Naturproduct, findet sich nur in einigen Gegenden Deutschlands und kann deshalb keine allgemeine Anwendung finden.

Von den zu Erhitzung der Flüssigkeiten nöthigen zweckmäßigsten Gefäßen und dem dabei anzuwendenden vortheilhaftesten Verfahren ist das Erforderliche in meinen Schriften der praktischen Färberei bereits mitgetheilt.

9.
Die atmosphärische Luft.

Die **atmosphärische Luft** ist diejenige Materie, welche den Erdball, den wir bewohnen, überall umschließt, und die auch gemeinhin **Luft** genannt wird.

Sie ist eine durchsichtige und vollkommen elastische Substanz, die weder Geruch noch Geschmack hat, verschiedene Schwere besitzt und sich zusammenpressen läßt.

Die Bestandtheile derselben sind Sauerstoff- und Stickstoffgas, so daß 100 Theile derselben 21 Theile des erstern und 79 Theile des letztern enthalten. Außer diesen sind ihr noch fremde Substanzen, vornehmlich kohlensaures Gas beigemischt. Das Sauerstoffgas, welches sie enthält, erfordert vorzüglich die Aufmerksamkeit des Zeuchdruckers, Färbers und Bleichers.

Es ist erwiesen, daß viele färbenden Substanzen von dem in der Luft enthaltenen Sauerstoff abhängig sind, vornehmlich das Blau aus der kalten und warmen Indigoküpe.

Eben so entfärbt dieselbe Pflanzen oder thierische Substanzen, als Flachs, Wachs, Knochen ꝛc., welches man das Bleichen nennt.

10.
Das Licht.

Das **Licht** ist eine unwiegbare Substanz, welche aus äußerst feinen, sehr elastischen Theilen besteht, die sich reißend schnell bewegen und durch die durchsichtigsten Substanzen durchschießen. So geht das Licht der Sonne und der Sterne im Weltenraume in einer Secunde durch eine Ferne von über 40,000 Meilen.

Der wesentlichste Charakter dieser Substanz ist, daß sie auf das Organ der Augen wirkt.

Der Einfluß des Lichts auf alle Farben ist dem Zeuchdrucker und Färber aus der Praxis hinlänglich bekannt.

Viele Farben zeigen sich dem Auge bei einem ungeregelten Licht in ganz anderer, als der ursprünglichen Farben-Nüance.

So kann ein schön gefärbtes Hochroth (Ponceau) wie mit einem grauen Schleier bedeckt erscheinen.

Die weißen Substanzen oder Zeuche erscheinen uns dadurch weißer, daß sie die Lichtstrahlen auf den Gegenstand zurückwerfen und nicht einsaugen. Aus diesem Grunde ist ein weißer Stoff schwerer zu trocknen. Ein dunkler, vorzüglich schwarz gefärbter Stoff, verschluckt alle Lichtstrahlen und trocknet demnach schneller.

Das Licht wirkt in der Länge der Zeit auf die echtesten Farben.

Die chemische Wirkung des Lichts ist, daß es bald gewisse Substanzen zersetzt, bald die Verbindung einer mit der andern befördert.

So werden das Gelbholz, der Saflor, die Orseille ꝛc., wenn man dieselben längere Zeit dem Licht aussetzt, entfärbt und fast unbrauchbar.

Das Licht ist demnach die Ursache der mehr oder minder schnellen und bemerkbaren Verwandlung vieler Farben und Farbsubstanzen.

Zweite Abtheilung.

Von der Erkennung der Güte und Anwendung der beim Zeuchdruck, der Färberei und anderen Künsten und Gewerben verwendeten chemischen Producte und Farbmaterialien, sowie ihre Entstehung. Nach den neuesten Erfahrungen und Fortschritten faßlich dargestellt.

Die Pflanzenstoffe (Vegetabilien).

Die im Pflanzenreich erzeugten Gewächse kommen theils frei, die meisten aber an Säuren und Salze (Basen) gebunden vor.

Sie haben im Allgemeinen alle Eigenschaften der Säuren; keine der natürlich vorkommenden Pflanzensäuren enthält Stickstoff.

Alle sind an basisches Wasser gebunden, was nur in den meisten Fällen und nur durch Vereinigung der Säure und anderer Basen abzuscheiden ist.

Weinsäure (Weinstein).

Die Weinsäure kommt vorzüglich im Saft der Weintrauben vor.

Der aus jungem Wein sich absetzende Weinstein wird durch die Gährung des Weins in den Fässern gebildet, und ist eigentlich doppelweinsteinsaures Kali. Nach der Farbe des Weins, von dem derselbe entstanden ist, hat er eine weiße oder röthliche Farbe.

Die Güte desselben beruht darauf, daß derselbe in möglichst großen, harten, im Bruch glänzenden Stücken ist. Der Florentiner und rheinländische Weinstein ist der beste, die französischen und croatischen Sorten geringer.

Derselbe findet vorzüglich in der Schafwollenfärberei als Beizmittel Verwendung.

Crystall tartari (gereinigter Weinstein)

ist ein Präparat, welches folgendermaßen im Großen dargestellt wird.

Der rohe Weinstein wird fein gemahlen, mit hinreichend reinem Wasser eine Zeit lang gekocht und dann die heiße Auflösung durch Leinwandsäcke in hölzerne Gefäße gegossen, worin sich hierauf das Salz krystallisirt. Dieses Product ist halbgereinigter Weinstein.

Um denselben jedoch gänzlich zu reinigen, wäscht man die noch röthlich scheinenden Krystalle in reinem kalten Wasser aus, bringt sie in eine Flüssigkeit von reinem Wasser, dem man etwas Thonerde hinzugesetzt hat, und läßt sie darin kochen. Während man den sich zeigenden unreinen Schaum von der Oberfläche abnimmt, ist die Reinigung vollzogen.

Man bringt nun die Flüssigkeit in hölzernen Gefäßen an einen kühlen Ort, worauf sich die Flüssigkeit in weißen Krystallen an die Wände und den Boden des Gefäßes anlegt.

Derselbe muß von weißer Farbe, in harten, glänzenden Krystallen und von angenehm sauerm Geschmack sein.

In der Schafwollenfärberei findet er zur Darstellung der echt rothen Farben vorzügliche Verwendung.

Im gemahlenen Zustande kommt derselbe als Cremor tartari vor, und dient deshalb auch zu medicinischem Gebrauch.

Weinsteinsäure.

Die Darstellung dieser für die Zeuchdruckerei und Färberei jetzt so wichtigen Säure wird folgendermaßen vollzogen.

Der gereinigte Weinstein (Crystall tartari) wird erst fein gepulvert, dann mit dem vierten Theil seines Gewichts feingeriebener Kreide vermischt und in kleinen Portionen in kochendes reines Wasser geschüttet, wobei er zerlegt wird und weinsaure Kalkerde abscheidet. Durch Chlorcalcium-Lösung wird das entstandene neutrale Kalisalz in Chlorkalium und weinsaure Kalkerde verwandelt; aus dem erhaltenen Kalksalz wird mit Wasser verdünnter Schwefelsäure (englisches Vitriolöl) die Weinsteinsäure abgeschieden, dann filtrirt und krystallisirt.

Gute Weinsteinsäure muß trocken, in weißen Krystallen und von angenehmem, stark saurem Geschmack sein. Sie zieht leicht Feuchtigkeit aus der Luft an, daher ist sie an trockenen Orten aufzubewahren.

Die Anwendung derselben findet vorzüglich beim Zeuchdruck zum Beizen, als auch zur Bereitung von Limonade statt, da sie nichts Nachtheiliges für die Gesundheit enthält und in vielen Fällen die theure Citronensäure ersetzt.

Citronensäure (Citronensaft).

Diese Säure kommt vorzüglich im Safte der Citronen im freien Zustande vor, ferner in den Johannis- und Stachelbeeren und mehreren anderen Früchten.

Man erhält den Citronensaft durch das Auspressen der reifen Citronen und es findet derselbe sowohl im Zeuchdruck für Beizfarben, als auch in der Seiden- und Baumwollenfärberei vortheilhafte Anwendung. Im flüssigen Zustande ist derselbe nicht vollkommen rein und nicht krystallisirbar.

Um die Citronensäure darzustellen, verfährt man folgendermaßen.

Der durchs Kochen mit Eiweiß geklärte und filtrirte Citronensaft wird erst mit gepulverter Kreide gesättigt, sodann die unlöslich abgeschiedene citronensaure Kalkerde abfiltrirt, gewaschen und durch mit reinem Wasser verdünnter Schwefelsäure zersetzt. Hierauf wird die Flüssigkeit abgedampft und krystallisirt.

Die Citronensäure bildet farblose, durchsichtige, nadelförmige Krystalle von angenehm saurem Geschmack; im Wasser ist sie leicht löslich; 60 Pfund Citronensaft geben ohngefähr 10 Pfund krystallisirte Citronensäure.

Bringt man zu dieser Operation Johannis- oder Stachelbeerensaft in Verwendung, so hat man ganz dasselbe Verfahren zu beobachten.

Die Citronensäure findet für den Beizdruck jedoch selten Anwendung, desto mehr aber zu medicinischen Zwecken.

Aepfelsäure (Vogelbeersäure).

Diese Säure ist in den sauren Aepfeln, den unreifen Ebischbeeren (Vogelbeeren) und in anderen Früchten enthalten; man stellt dieselbe aber auch auf folgende Weise dar.

Der Saft saurer Aepfel oder unreifer Vogelbeeren wird zuerst mit Eiweiß vermischt, dann gekocht und filtrirt und so lange mit in reinem warmen Wasser gelösten Bleizucker vermischt, als noch ein Niederschlag erfolgt. Diese unreine äpfel- oder vogelbeerensaure Substanz zeigt sich nach Zeit von 24 Stunden in Krystallen. Ist dies der Fall, so spült man dieselben mit reinem kalten Wasser ab, kocht sie dann in mit reinem Wasser verdünnter Schwefelsäure und läßt das so gebildete Salz wiederum krystallisiren. In diesem Zustande kann dieselbe zwar nicht so vollkommen als die Citronensäure, jedoch eben so gut als diese geeignete Anwendung finden.

Filtrirt man den aus unreifen Vogelbeeren ausgepreßten Saft und vermischt ihn mit etwas Schwefelsäure (englischem Vitriolöl), so kann derselbe in vielen Fällen den theuren Weinstein ersetzen.

Zuckersäure (Sauerkleesäure, Oxalsäure).

Sie kommt in der Natur meistentheils an Kali gebunden im Safte des Sauerklee's (Oxalis) und des Sauerampfers vor. Um diese Säure darzustellen, wird der von diesen Pflanzen gewonnene Saft durch Auspressen abgedunstet und dann zur Krystallisation gebracht.

In der Neuzeit findet jedoch dieses Verfahren wenig Anwendung mehr, da dieselbe sowohl billiger, als auch reiner und stärker aus dem Zucker in Verbindung mit Salpetersäure (Scheidewasser) darzustellen ist.

Die Zucker- oder Oxalsäure bildet weiße, nadelförmige Krystalle von scharf saurem Geschmack und findet jetzt ebenso im Zeuchdruck als Beizmittel, wie auch in der gesammten Färberei stets wichtige, vortheilhafte Verwendung.

Indigo-Schwefelsäure (Indigo-Carmin, Lappen-Indigo-Tinctur).

Die Indigo-Schwefelsäure (schwefelsaurer Indigo) ist eine Verbindung des Indigo mit wasserfreier Schwefelsäure (Nordhäuser Vitriolöl).

Dieselbe wurde im Jahre 1710 in Großenhain in Sachsen von dem Bergrath Barth entdeckt, und es führt daher die aus derselben erzeugte blaue Farbe in allen Ländern den Namen Sachsblau.

Eine einfache Auflösung des Indigo in rauchender Schwefelsäure war sie anfangs nicht und man setzte der Lösung derselben oft nachtheilige Substanzen hinzu.

Die Meinungen der Chemiker damaliger Zeit über diese Säure waren sehr verschieden, wie es auch in manchen Fällen noch häufig jetzt stattfindet. Mancher wollte 1 Theil Indigo mit 8 Theilen Vitriolöl aufgelöst und hierauf Kali (Pottasche) hinzugesetzt wissen; diesen Irrthum hat jedoch die Praxis längst berichtigt und aufgeklärt. 3 Theile concentrirtes rauchendes Vitriolöl sind hinreichend, 1 Theil feingepulverten Indigo vollkommen zu lösen; nach Zeit von 24 Stunden, besser später, verdünnt man die Lösung mit hinreichend reinem kalten Wasser, worauf sich dann die Indigoflüssigkeit im schönsten Blau zeigt. Dieselbe findet in Verbindung mit Gelbholz nur zur Darstellung grüner Farben Anwendung und zwar nur für schafwollene Gegenstände.

Um aus derselber ein schönes Blau und Grün für den Zeuchdruck und für die gesammte Färberei zu erzielen, muß man die nach dem bekannten Verfahren dargestellte schwefelsaure Indigolösung von der anhängenden, nunmehr nachtheiligen Schwefelsäure reinigen, welches auf folgenden zwei Wegen vollzogen werden kann.

1) **Reinigung der schwefelsauren Indigolösung mittelst Schafwolllappen oder Schafwolle.**

Dieses Verfahren ist zwar etwas zeitraubend, jedoch jederzeit als das zweckmäßigste anzuerkennen, da alle in der Indigolösung enthaltene Schwefelsäure daraus entfernt wird, welche vorzüglich den Wau beim Grünfärben der Seide und Baumwolle benachtheiligt, sowie es auch im Zeuchdruck in Verbindung mit Kreuzbeeren geeigneter ist. Die Darstellung dieser gereinigten Indigotinctur wird folgendermaßen vollzogen.

Man füllt einen kleinen kupfernen Kessel mit reinem Wasser, erhitzt die Flüssigkeit handwarm und setzt derselben eine beliebige Menge von der nach dem bekannten Verfahren bereiteten, mit kaltem Wasser verdünnten schwefelsauren Indigolösung hinzu, thut nach Verhältniß weiße, reingewaschene, grobe Wolllappen, am besten Fries. 2c. Lappen, oder, was zu dieser Operation zweckmäßiger ist, grobe Schafwolle hinein, rührt die Masse dann gut um und erhitzt sie nach und nach zum Kochen und läßt sie 8 Minuten lang gelinde darin verbleiben. Hierauf läßt man sie zugedeckt 10 Stunden lang stehen. Nach Verlauf dieser Zeit werden die Lappen oder die Wolle herausgenommen.

Dieselben erscheinen jetzt schwarzblau gefärbt und haben allen in der Flüssigkeit enthaltenen Indigo angezogen. Die zurückgebliebene Flüssigkeit zeigt sich grünlich und übelriechend; sie enthält Schwefelsäure, die als untauglich weggeschüttet wird.

Um die blaufärbende Tinctur zu gewinnen, ist folgendermaßen zu verfahren.

Man bringt die schwarzblau gefärbten Lappen oder die Wolle in einen aus Weidenholz geflochtenen Korb, wäscht sie so lange in fließendem Wasser, bis sich keine Spur mehr von färbender Substanz zeigt. Je aufmerksamer dies vollzogen wird, ein desto besseres Resultat erzielt man.

Die Gewinnung der gereinigten Indigotinctur ist folgendermaßen zu bezwecken.

Man füllt einen kleinen kupfernen Kessel mit reinem Wasser, erhitzt die Flüssigkeit handheiß, setzt derselben Pottasche hinzu, bringt die nach Vorschrift in Wasser gut gereinigten Lappen oder die Wolle hinein und die Flüssigkeit zum Kochen und läßt sie 15 Minuten lang darin verbleiben. Die Flüssigkeit hat nun eine schöne blaue Farbe angenommen, welche die gereinigte Indigotinctur bildet und die in diesem, als auch in noch stärkerem Zustande durch Abdunstung derselben verwendet werden kann.

Die Lappen oder die Wolle zeigen sich in grünlicher Farbe; man spült und trocknet dieselben und kann sie zu diesem Behuf verschiedene Male in Gebrauch nehmen.

Um die Darstellung der gereinigten Indigotinctur im Großen zu bezwecken, läßt man 1 Pfund feingepulverten und gesiebten Indigo in 3 Pfund Nordhäuser Vitriolöl lösen, verdünnt die Masse nach 24 Stunden mit 9 Pfund reinem kalten Wasser, läßt mit hinreichender Flüssigkeit 10 bis 12 Pfund Lappen oder Wolle nach bekanntem Verfahren ankochen und verwendet zum Abziehen 12 Loth Pottasche.

2) Indigo=Carmin.

Unter diesem Namen kommt seit einigen Jahren eine teigartige Indigoauflösung im Handel vor, die zur Darstellung der blauen und grünen Farben im Zeuchdruck und allen Zweigen der Färberei Verwendung findet.

Die Bereitung derselben wird vollzogen, daß man nach dem bekannten Verfahren Indigo in Nordhäuser Vitriolöl lösen läßt, die

Auflösung mit reinem Wasser verdünnt und durch Zusatz von calcinirter Soda die in derselben enthaltene Schwefelsäure entfernt, welches jedoch nicht so vollkommen, als bei der Lappen-Indigoblau-Tinctur vollzogen werden kann.

Guter Indigo-Carmin muß nicht flüssig, sondern in etwas festem Zustande sein, mit reinem Wasser befeuchtet und auf weißes Papier gestrichen eine schöne volle blaue Farbe darstellen und ohne merklich sauren Geschmack sein.

Der in Frankreich, namentlich in Bordeaux bereitete Indigo-Carmin wurde früher bevorzugt. Derselbe wird jedoch jetzt auch von derselben Güte in Deutschland bereitet.

Der englische Indigo-Carmin ist von geringerer Güte, selten frei von Schwefelsäure und auch flüssiger.

Essigsaurer Indigo.

Der essigsaure Indigo wird nur im Zeuchdruck zur Darstellung der blauen und grünen sogenannten Tafeldruckfarben angewandt.

Die Bereitung desselben wird folgendermaßen vollzogen.

Man bringt in einen glasurten Steintopf 3 ℔. rauchendes Nordhäuser **Vitriolöl**, setzt der Flüssigkeit in kleinen Theilen bei fortwährendem Umrühren 1 ℔. **Bengal-Indigo** in zerrinnbarem, feingesiebtem Zustande hinzu und verdünnt dieselbe nach Verlauf von 24 Stunden, besser später, folgendermaßen. Man läßt zu diesem Behuf in 10 Berliner Quart (20 Pfund) reinem handwarmen Wasser 8 ℔. **Bleizucker** lösen und setzt diese Flüssigkeit nach und nach bei fortwährendem Umrühren der Indigoauflösung hinzu. Hat sich die Flüssigkeit nach einigen Stunden geklärt, so gießt man das Helle ab; der Satz wird auf ein Filtrum gebracht, mit einigen Berliner Quart reinem Wasser ausgewaschen und die ablaufende blaue Flüssigkeit in Verwendung genommen.

Zinn-Indigo (für echt Blau).

Man bringt in einen glasurten Steintopf 5 Berliner Quart (10 Pfund) kaustische Lauge von 10 Grad Stärke nach Beaumé's Säurenmesser, setzt dieser Flüssigkeit 1½ ℔. gepulverten und fein-

gesiebten **Bengal-Indigo** und 1½ ℔. gedrehtes, möglichst reines
Zinn hinzu, rührt die Flüssigkeit gut um und bringt den Topf in
einen kupfernen Kessel, der hinlänglich mit Wasser gefüllt ist, erhitzt
dann die Flüssigkeit und erhält sie ¾ Stunden lang darin. In einigen Fällen kann die Operation etwas länger dauern, und zwar so
lange, bis man erkennt, ob das Zinn vollkommen gelöst ist. Man
läßt hierauf die Flüssigkeit erkalten, klärt sie nach Zeit von 12 Stunden vom Bodensatz ab, füllt sie auf Flaschen, die man gut zu verschließen hat, und bewahrt sie zum Gebrauch auf.

Pikerinsäure.

Die **Pikerinsäure**, gewöhnlich **Pikerin** genannt, ist eine Auflösung des Indigo in concentrirter (stärkster) Salpetersäure (Scheidewasser). Nach der Lösung des Indigo in Salpetersäure wird die
Flüssigkeit durch Abdampfen der Krystallisation unterworfen.

Sie bildet citrongelb gefärbte, nadelförmige Krystalle von eigenthümlichem Geruch und sehr bitterem Geschmack.

In der Schafwoll- und Seidenfärberei erzeugt die Pikerinsäure
vorzüglich schöne gelbe und in Verbindung mit Indigo-Carmin eben
so schöne grüne Farben.

Essigsäure (Essig, Holzessig).

Die reine **Essigsäure** ist eine Zusammensetzung von Wasserstoff,
Kohlenstoff und Sauerstoff in einem besonderen Verhältniß. Sie ist
in völlig weißer Flüssigkeit, von angenehmem Geruch und saurem
Geschmack. Die eigenthümliche Stärke derselben ist nach Beaumé's
Säurenmesser 2 Grad.

Vollkommen stellt man dieselbe dar, indem man die in saure Gährung übergegangenen weingeistigen Flüssigkeiten reinigt (Weinessig).
Sie wirkt auf die Metalle, namentlich das Eisen, und oxydirt sie
(essigsaures Eisen).

Die Anwendung der reinen Essigsäure würde jedoch für den technischen Betrieb, namentlich für den Zeuchdruck und die Färberei, zu
kostspielig sein.

Um einen zum technischen oder jeden anderen Gebrauch guten
Essig zu erzeugen, läßt man durch freiwillige Säuerung Wein, Bier,

Obstsäfte in hölzernen Gefäßen unter Zutritt der Luft warm stehen. Am zweckmäßigsten geschieht dies bei der sogenannten Schnellessigfabrication, wobei die zu säuernde Flüssigkeit der Luft ausgesetzt wird; man läßt nämlich dieselbe durch mit Essig getränkte Hobelspäne von Buchenholz in ein mit Luftlöchern versehenes hohes Faß fließen.

Der nach diesem Verfahren erzeugte Essig kann in allen technischen Gewerben und zu jedem anderen Gebrauch vortheilhafte Anwendung finden.

Durch Destillation läßt sich derselbe so weit reinigen, daß er der reinen Essigsäure gleichkommt.

Die **Holzessigsäure** (Holzessig), ein in der Neuzeit für den Zeuchdruck und die Baumwollenfärberei wichtiges Product, wird durch Destillation namentlich des Buchen- und Eichenholzes im Großen gewonnen.

Im natürlichen Zustande ist es eine saure, übelriechende, öl- und theerartige Flüssigkeit, die nach Beaumé's Säurenmesser oft eine Stärke von 9 bis 10 Grad zeigt. Sie kann mit 3 bis 4 Theilen reinem Wasser verdünnt und in solchem Zustande zur Eisenlösung (Bereitung des holzessigsauren Eisens) in Anwendung gebracht werden.

Die mit demselben dargestellten schwarzen Farben für Baumwolle fallen weit voller aus, als die durch Getreideessig und Eisen erzielten.

Der natürliche Holzessig läßt sich jedoch so vollkommen reinigen, daß derselbe dem Weingeist (Alkohol) fast gleichkommt. Dies wird gewöhnlich mit gelöschtem Kalk (Kalkhydrat) und Chlorcalcium durch Destillation am besten vollzogen.

Indigo.

Der **Indigo** ist ursprünglich der Saft, welcher in verschiedenen Pflanzen, im Nerium tinctorium, Isatis tinctori ꝛc., enthalten ist, welche vorzüglich in Ostindien und Südamerika gedeihen.

Das Verfahren, die färbende Substanz aus den Pflanzen zu ziehen, ist sehr einfach. Die in Blüthe stehenden Pflanzen werden in hölzerne Gefäße, welche mit reinem kalten Wasser gefüllt sind, gebracht und durch Beschwerung mittelst einiger Breter unter der Flüssigkeit erhalten. Nach einiger Zeit zeigt sich eine Gährung. Daß die Gährung weit genug gediehen ist, läßt sich leicht daran erkennen, daß die anfangs grüne Flüssigkeit sich an der Luft in ein kupfriges Blau verwandelt hat. Diese Operation wird in ohngefähr 10 Stunden vollzogen. Währt die Gährung länger, so wird kein so günstiges Resultat erzielt; zeigt die Flüssigkeit einen sauern Geruch, so muß man eilen, sie aus der Kufe in eine andere (die Rührkufe) zu bringen und ihr eine hinlängliche Menge Kalkwasser hinzusetzen, welches die entstandene Säure unschädlich macht. Die in der Rührkufe befindliche Flüssigkeit wird fortwährend in Bewegung erhalten (gerührt), um die Verbindung der färbenden Substanz mit dem Sauerstoff der Luft zu befördern, worauf sich dieselbe in purpurfarbenen Flocken ausscheidet, sich immer mehr verdichtet und dann als Satzmehl zu Boden fällt. Nach mehreren Stunden läßt man die Flüssigkeit vom Bodensatz ablaufen, bringt denselben in beliebige Form und trocknet ihn im Schatten, worauf derselbe als Indigo in den Handel gebracht werden kann.

Der Indigo ist in Güte oder blaufärbendem Pigment sehr verschieden, welches theils in den Pflanzen selbst, theils auch in der sorgfältigen Bereitung desselben liegt. Oft wird derselbe mit Thon oder anderen Substanzen bei der Bereitung betrügerischer Weise gefälscht. Bemerkt man eine solche Fälschung, so läßt sich diese dadurch leicht darlegen, daß man eine Kleinigkeit desselben in einer eisernen Kelle glüht: hierdurch verbrennt der reine Indigo zu Asche und die erdigen Substanzen bleiben zurück.

Oft kommt auch ein geringer, blaßblauer Indigo, welcher, um demselben von Außen ein schönes Ansehen zu ertheilen, mit feinem Indigostaub überzogen (gepudert) ist, im Handel vor. Diesen Betrug kann man ebenfalls leicht entdecken, wenn man ein Stück desselben auseinander bricht.

Guter Indigo muß ziemlich leicht, im Bruch eine angenehme blaue Farbe und mit dem Nagel gestrichen einen festen Kupferglanz zeigen.

Die jetzt im Handel vorkommenden Indigosorten sind folgende:

1) Der ostindische Indigo, worunter sich der aus der Landschaft Bengalen durch Güte vorzüglich auszeichnet. Er ist meist in Quadratstücke geformt und mit Stempel versehen.

2) Der Kurpah-Indigo, ebenfalls eine ostindische Indigogattung, steht dem Bengal-Indigo in Güte nach.

3) Die geringste und betrüglichste ostindische Indigogattung ist der Madras-Indigo; er ist in Quadratstücken von angenehm blauer Farbe, läßt sich leicht zwischen den Fingern zu Pulver zerreiben und zeigt einen matten Kupferglanz.

4) Der **Java-Indigo** ist eine sehr gute Indigosorte, kommt jedoch in den Kisten oft in verschiedener Güte (gemischt) vor. Man muß daher beim Ankauf desselben sehr vorsichtig sein.

5) Die **amerikanischen Indigosorten**, als der Guatemala- und der Caracas-Indigo, kommen gewöhnlich in unförmlichen Stücken im Handel vor. Die Güte derselben ist sehr verschieden und man muß beim Ankauf sehr vorsichtig verfahren. Diese Indigosorten werden immer mehr durch den ostindischen und Java-Indigo verdrängt.

Orseille (Orseille-Extract).

Dieses eigenthümliche, für die Zeuchdruckerei und Färberei jetzt so wichtige Pigment findet sich nicht im natürlichen Zustande, sondern wird auf künstlichem Wege bereitet.

Die im Handel vorkommende Orseille bildet eine breiartige Flüssigkeit von purpurrother Farbe. Zur Bereitung derselben werden mehrere Flechtenarten (moosähnliches Kraut von grauer Farbe) in Anwendung gebracht, namentlich die Roccella tinctoria, welche sich vorzüglich auf den Canarischen Inseln wild findet. Geringere Arten dieser Flechten finden sich auch in England, Schottland und Schweden.

Die Bereitung derselben wird folgendermaßen vollzogen.

Die obengenannten Flechtenarten werden feingemahlen in hölzerne Gefäße gebracht und mit durch reines Wasser verdünntem Salmiakgeist überschüttet und möglichst dem Zutritt der freien Luft ausgesetzt.

Das Pigment in der auf diese Weise dargestellten Orseille entwickelt sich schon nach einigen Tagen; die Masse nimmt eine purpurrothe Farbe an und nach Verlauf einiger Wochen zeigt sich dieselbe schon brauchbar.

Das ältere Verfahren, die Orseille zu bereiten, wurde mit gefaultem Harn (Urin) und Kalk auf demselben Wege vollzogen, findet jedoch jetzt keine Anwendung mehr.

Gute Orseille muß in möglichst dickflüssigem Zustande, ohne Geruch nach Salmiakgeist und auf weißes Papier gestrichen von purpurrother oder rothvioletter Farbe sein.

Eine eigenthümliche Erscheinung zeigt sich nach längerem Aufbewahren der Orseille.

Die in dem unteren Theil des Fasses oder Gefäßes lagernde Orseille hat oft eine gelbröthliche Farbe angenommen und wird deshalb von in der Chemie Unkundigen als gänzlich verdorben (unbrauchbar) betrachtet. Dem ist jedoch nicht so; man darf dergleichen Orseille nur mit durch reines Wasser verdünntem Salmiakgeist oder Kalklauge befeuchten und der freien Luft aussetzen, so stellt sich die Farbe derselben wieder eben so vollkommen wie vorher dar.

Hieraus ist zu schließen, daß der in der Luft enthaltene Sauerstoff auf viele Körper einwirkt.

Der Orseille-Extract ist ein in der Neuzeit für den Zeuchdruck ebenfalls sehr wichtiges Product.

Derselbe wird durch Auskochen der oben genannten Orseille in reinem Wasser, sowie durch Abdampfen der Flüssigkeit gewonnen.

Es ist eine dickflüssige Masse ohne Geruch, von brauner Farbe, die auf weißes Papier gestrichen ein Violetbraun zeigt. Die Stärke derselben muß 18 bis 20 Grad zeigen.

Der Orseille-Extract verbindet sich leicht mit Indigo-Carmin zur Erzeugung der braunen Tafeldruckfarben für Schafwollen- und Seidenzeuche, die sich sowohl im Dämpfen, wie auch in der Luft vorzüglich echt bewähren.

Persio (Cudbeard).

Der Persio, auch rother Indigo und nach seinem Erfinder Cudbeard genannt, wird aus der zubereiteten Orseille durch Trocknen und Mahlen derselben zu einem feinen Pulver vorzüglich in England bereitet.

Die Güte desselben ist sehr verschieden, welches, wie schon bei Bereitung der Orseille bemerkt wurde, in der Güte der Flechtenart liegt, die man zur Bereitung desselben in Anwendung bringt.

Der beste Persio ist von violetbrauner Farbe, fein gemahlen, und zeigt einen Veilchengeruch, welcher demselben nicht künstlich beigemischt, sondern natürlich ist. Oft kommt derselbe jedoch auch in schwarzbrauner Farbe, aber ebenfalls in vollkommener Güte vor. Man kann daher aus der Farbe nicht immer auf die Güte desselben fest schließen.

Um die Güte des Persio beim Ankauf zu ergründen, ist folgendermaßen zu verfahren.

Man bringt $1/4$ Loth des zu prüfenden Persio in ein kleines beliebiges Kochgefäß, feuchtet denselben nach und nach mit reinem Wasser breiartig an, setzt nach Verhältniß reines Wasser hinzu, erhitzt diese

Persioflüssigkeit zum Kochen und unterhält sie 8 Minuten lang darin, bringt dann 1 Loth gereinigtes Schafwollengarn hinein und läßt es 8 Minuten lang gelinde darin kochen, worauf dasselbe herausgenommen und gespült wird. Das Garn wird jetzt eine volle, glänzende Violetfarbe zeigen. So kann man verschiedene Persiosorten prüfen und dann die beste zum behufigen Gebrauch wählen.

Der Persio findet vorzüglich zur Darstellung der Violet- und Lilafarben in der Schafwollen- und Seidenfärberei Verwendung.

Orlean.

Der Orlean wird aus dem Mark der reifen Samenkapseln des Orleanbaums durch eine Art Gährung bereitet.

Die Orleankörner werden erst zerstampft, mit reinem kalten Wasser übergossen und so die Flüssigkeit mehrere Wochen lang stehen gelassen. Dann drückt man die Masse aus, läßt den sich gebildeten Orlean absetzen und später zu einem dicken Brei abdampfen, nach welcher Operation die Bereitung vollzogen ist.

Es kommen jetzt zwei Orleansorten im Handel vor:

1) Der brasilianische Orlean. Derselbe ist von rothbrauner Farbe, meist in die Blätter des Orleanbaums und in Körbe von circa 20 Pfund verpackt. Er hat das Nachtheilige, daß er nach längerem Aufbewahren einen üblen Geruch annimmt und sich mit Schimmel überzieht. Um denselben gegen diesen Nachtheil zu schützen, ist als das einzige Mittel zu empfehlen, ihn von Zeit zu Zeit mit etwas in reinem Wasser gelöster krystallisirter Soda zu befeuchten, welches Verfahren die Güte desselben nicht benachtheiligt.

2) Der Cayenne-Orlean wird ebenfalls, wie der brasilianische, aus den Samenkapseln des Orleanbaums bereitet, welcher jedoch eine besondere Gattung des ersteren ist und dessen Verschiedenheit von demselben im natürlichen Clima der Pflanze liegt.

Bei der Bereitung nimmt derselbe einen angenehmen, dem Veilchen ähnlichen Geruch an. Derselbe wird nicht abgedampft, sondern kommt in Fässern verpackt in möglichst dickem Zustande namentlich über Marseille in den Handel.

Diese Orleansorte, obgleich an Pigment (färbender Substanz) nicht reicher, als der Brasil-Orlean, hat das Eigenthümliche, daß derselbe niemals einen üblen Geruch annimmt; der Preis desselben ist deshalb wegen dieser guten Eigenschaft immer etwas höher gestellt.

Guter Orlean muß von lebhaft rothbrauner Farbe und ohne üblen Geruch sein, sich fettig anfühlen lassen und sich in möglichst festem (compactem) Zustande zeigen.

Der Orlean findet in der Seiden= und Baumwollenfärberei sowohl zur Darstellung der Orangefarben, als auch zu anderen Zwecken, namentlich zu dem Färben der Butter, vielfache Verwendung, da derselbe die Gesundheit nicht gefährdet.

Quercitron (Quercitronrinde).

Die Quercitron ist die Rinde der in Nordamerika wild wachsenden schwarzen Eiche (Quercus nigra), die im gemahlenen Zustande in Säcken oder Fässern verpackt in den Handel gebracht wird. Dieselbe enthält mittelst des in derselben enthaltenen Gerbestoffs ein gelbes, olivenfarbenes, bis ins Schwarze fallendes Pigment (Farbestoff). Die salzsauren Zinnauflösungen erzeugen aus derselben für alle Zeuchstoffe gelbe Farben, Kupfer= und Eisenlösungen Olivenfarben bis zum Schwarz.

Der Engländer Bancroft war der Erste, der die Quercitron zu Anfang dieses Jahrhunderts in Europa einführte.

Es kommen jetzt zwei Gattungen von Quercitronrinde im Handel vor, die sich zwar nicht wesentlich im Aussehen, jedoch in Güte von einander unterscheiden.

1) Die Philadelphia=Quercitron hat sich seither in vorzüglicher Güte erwiesen; dieselbe ist fein, jedoch nicht staubähnlich gemahlen, von angenehmer Chamoisfarbe und in Fässer von 500 bis 1000 Pfund verpackt.

2) Die Baltimore=Quercitron steht der vorigen an Güte nach und ist von nicht so lebhafter Chamois=, sondern von bräunlicher Farbe, welches dadurch entsteht, daß die Oberfläche der Rinde mit gemahlen wird. Dieselbe kommt in Säcken von 150 bis 200 Pfund Gewicht im Handel vor.

Gute Quercitron muß von angenehmer Chamoisfarbe, Niesen erregendem Geruch, bitterem Geschmack und nicht zu Staub gemahlen sein.

Durch zu langes Aufbewahren verliert die Quercitron an Pigment (Farbstoff); dasselbe wird durch den Sauerstoff der Luft zersetzt, es nimmt dieselbe zuletzt eine bräunliche Farbe an und ist fast unbrauchbar.

Die Quercitron findet im Zeuchdruck, sowie in allen Zweigen der Färberei zur Darstellung der gelben und Olivenfarben geeignete Verwendung. Sie kommt jetzt auch in festem Zustande als Extract vor.

Wau

ist die Pflanze einer Reseda-Gattung, welche vorzüglich im südlichen Frankreich, nicht so gut im südlichen Deutschland zum Behuf der Färberei angebaut wird. Die wildwachsende ist von geringer Güte.

Die Pflanze wird in der Blüthezeit geschnitten und sorgfältig getrocknet. Das färbende Pigment enthalten die Blüthen und Blätter, in den Stengeln ist wenig desselben enthalten.

Für den Zeuchdruck findet derselbe keine Anwendung, erzeugt jedoch für Schafwollen-, Seiden- und Baumwollenstoffe schöne und dauerhafte gelbe Farben.

Scharte. Ginster.

Eine in Deutschland auf Wiesen wild wachsende Pflanze. Dieselbe erreicht eine Höhe von $1\frac{1}{2}$ bis 2 Fuß, hat längliche Blätter und lilafarbige Blüthenknospen; vor Aufbruch derselben wird dieselbe gesammelt und im Schatten getrocknet.

Vor der Entdeckung Amerika's, ehe man das Gelbholz kannte, fand dieselbe in allen Zweigen der Färberei zur Darstellung der gelben und in Verbindung mit Blau der grünen Farben Anwendung.

Der Ginster, eine der Natur nach der Scharte ähnliche Pflanze, findet sich wildwachsend in Wäldern. Sie erreicht eine Höhe von ohngefähr 1 bis $1\frac{1}{2}$ Fuß, hat schmale, längliche Blätter und gelbe Blüthen, und findet dieselbe Anwendung, als die Scharte.

Rothholz. Rothholz-Extract.

Die im Handel vorkommenden Rothhölzer sind hinsichtlich des rothfärbenden Pigments sehr verschieden, und man muß sich daher beim Ankauf derselben von ihrer Güte durch einen kleinen Probeversuch überzeugen, welchen man folgendermaßen bewerkstelligt.

Man läßt von dem noch in Stücken befindlichen Rothholz etwas abhobeln oder abraspeln, bringt ein bestimmtes Quantum desselben, z. B. 1 Loth, in ein Porzellan- oder Glasgefäß, und setzt demselben 8 Lth reines kochendes Wasser hinzu. Nach Zeit von einer Stunde hat sich das Pigment des Rothholzes in der Flüssigkeit entwickelt; man hängt sodann einen Streifen weißes Papier in dieselbe und läßt es 1 Stunde lang darin verbleiben, worauf dasselbe aus der Flüssigkeit herausgenommen und getrocknet wird und man aus der dunklen, schönen rothen Farbe, die dasselbe angenommen, die Güte des Rothholzes beurtheilen kann.

Hiernach erlangt man die Fähigkeit, unter den verschiedenen Rothhölzern das beste und kräftigste zu wählen.

Unter den vorkommenden Rothhölzern ist das von Fernambuco in Brasilien an rothfärbendem Pigment das reichste; es ist in nicht dicken Stücken, schwer und inwendig von gelbrother Farbe; die Stücken sind mit einem eingebrannten verschobenen N gezeichnet.

Da es ein Eigenthum der brasilianischen Regierung ist, so haftet ein bedeutender Ausfuhrzoll auf demselben, welches den Preis sehr vertheuert.

In neuerer Zeit stellt man aus anderen guten Rothhölzern durch Anwendung chemischer Mittel eben so schöne rothe Farben dar.

Das Japan- und Vimas-Rothholz (auch Vimas-Japan-Rothholz) erzeugt eben so schöne rothe Farben, als das Fernambuk-Rothholz, ist jedoch nicht so farbreich, als dieses. Es ist in dünnen Stücken, mit einem Mark inwendig versehen und von außen mit einer weißen Rinde (Splint) umgeben.

Das Costariko-Rothholz ist ein für die Schafwollenfärberei zur Darstellung der rothen und braunen Farben sehr brauchbares Rothholz. Es kommt in großen Stücken, die gefurcht sind, sowie von gelbrother Farbe vor.

Das St. Martins-Rothholz kommt ebenfalls in großen gefurchten Stücken, die mit Splint überzogen sind, von rothbräunlicher Farbe vor; dasselbe ist nicht so farbreich, als das Costariko-Rothholz.

Andere Rothholzgattungen, als das Lima-, Manilla-, Jamaika-Rothholz, sind von geringerer Güte.

Das Rothholz findet in der Zeuchdruckerei und in allen Zweigen der Färberei zur Darstellung rother und brauner Farben Verwendung, es ist jedoch bis jetzt der Chemie nicht gelungen, das färbende Pigment mit den Zeuchstoffen so fest zu verbinden, daß die Farben der Luft und mäßigen Säuren widerstehen.

Zum Färbereigebrauch muß dasselbe im trockenen Zustande, in dünne Späne gehobelt oder geraspelt werden.

Käuflich kommt dasselbe auch im feuchtgemahlenen Zustande im Handel vor.

Um demselben ein schönes Ansehen zu geben, wird es oft auch betrüglicherweise mit Soda- oder Pottaschesflüssigkeit befeuchtet in den Handel gebracht. Ein dergleichen Rothholz verliert aber nicht nur an Gewicht, sondern zieht auch das Verderben der Farben nach sich.

Der Rothholz-Extract ist eine für die Zeuchdruckerei sehr wichtige Substanz, da man durch die Anwendung desselben der weitläufigen Abkochung und Abdunstung des Rothholzes überhoben ist. Derselbe wird gewöhnlich gleich in den Wäldern, wo das Rothholz gefällt wird und das Brennmaterial keinen Werth hat, bereitet.

Der Rothholz-Extract ist eine harte, schwarzbraune, im Bruch glänzende Masse und in 40 bis 50 Pfund schweren Kisten verpackt. Ein Pfund desselben enthält eben so viel rothfärbendes Pigment, als 5 Pfund gutes Rothholz.

Um denselben für den Zeuchdruck zu verwenden, läßt man in reinem Wasser ein beliebiges Quantum desselben aufkochen, worauf man die Stärke desselben in beliebigen Graden nach Beaumé's Säurenmesser bestimmen kann.

Derselbe ist auch im flüssigen Zustande käuflich zu haben.

Blauholz. Blauholz-Extract.

Das Blauholz ist das Stammholz eines vorzüglich in Südamerika und Westindien wild wachsenden Baumes. Dasselbe kommt in großen Stücken, inwendig von gelbbrauner Farbe und von süßlichem Geschmack, sowie in verschiedener Güte im Handel vor.

Das beste ist das südamerikanische, welches von der Campechebai ausgeführt und daher Campeche-Blauholz genannt wird. Diesem folgt in Hinsicht der Güte das Tabasco- und das Honduras- und Domingo-Blauholz. Das Jamaika-Blauholz ist das geringste und oft des Auskochens zum Färben nicht werth. Es kommt in nicht dicken, langen Stücken von gelbröthlicher Farbe im Handel vor und wird vielfach dazu benutzt, gutes Blauholz beim Mahlen betrüglicher Weise damit zu fälschen, um eine fingirte Billigkeit des Preises zu bezwecken.

Gutes Blauholz in Stücken muß möglichst schwer, ohne Splint, inwendig von möglichst dunkler, gelbbrauner Farbe und süßlichem Geschmack sein, sowie beim Befeuchten eine dunkelrothbraune Farbe annehmen.

Das echte Campeche=Blauholz in Stücken ist leicht daran zu erkennen, daß sich dasselbe inwendig mit einer Art Harz überzogen zeigt.

Das Blauholz findet in der Zeuchdruckerei, sowie in allen Zweigen der Färberei Verwendung, zu welchem Behuf dasselbe zu dünnen Spänen gehobelt oder geraspelt wird.

Vortheilhaft ist es, die trocken gehobelten oder geraspelten Hölzer mit etwas reinem Wasser anzufeuchten und sie längere Zeit der freien Luft auszusetzen; der in der Luft enthaltene Sauerstoff wirkt auf das färbende Pigment desselben so bedeutend, daß dasselbe um 10 Procent ausgiebiger ist.

Die im Handel vorkommenden feucht gemahlenen Blauhölzer sind für die Zeuchdruckerei und Färberei nicht vortheilhaft anzuwenden, und können nur zum Schwarzfärben sehr geringer Zeuche dienen. Dieselben stammen meistens von Jamaika und sind auch oft von dem Ausschuß anderer Hölzer bereitet. Durch Befeuchten mit Soda= oder Pottascheflüssigkeit wird demselben gewöhnlich ein schönes Ansehen ertheilt.

Der Blauholz=Extract ist eine für den Zeuchdruck wichtige Substanz, da man durch die Anwendung desselben ebenfalls der weitläufigen, kostspieligen Auskochung und Abdunstung des Blauholzes überhoben wird.

In Südamerika wird derselbe im Großen bereitet; er bildet eine schwarzbraune, feste Masse und kommt in 40 bis 50 Pfund schweren Kisten verpackt im Handel vor. Ein Pfund desselben ersetzt die Abkochung von 5 Pfund Campeche=Blauholz. Um ihn für Druckfarben geeignet zu machen, läßt man denselben in reinem Wasser aufkochen, worauf man die beliebigen Grade, welche man anwenden will, bestimmen kann.

Gelbholz. Gelbholz=Extract.

Das Gelbholz ist das Stammholz eines in Süd= und Mittel=Amerika (Westindien) wild wachsenden Baumes. Dasselbe kommt in

verschiedener Güte im Handel vor und zerfällt hinsichtlich des färben=
den Pigments in folgende Gattungen.

1) Das Cuba=Gelbholz ist die beste unter allen bekannten
Gelbholzarten. Es ist in 2 bis 3 Fuß hohen Stücken von runder
Form und schwer, von außen in gelbbräunlicher und inwendig von
hellgelber Farbe, mit gelbröthlichen Adern und einer Art harzigen Be=
standtheilen durchschnitten.

2) Dem Cuba=Gelbholz steht das Tampiko=Gelbholz in
Güte nach. Dasselbe zeigt oft die nämliche Form, ist jedoch nicht mit
röthlichen Adern durchzogen.

3) Das Maracaibo=Gelbholz, eine in der Neuzeit vorkom=
mende Gelbholzsorte, ist dem Tampiko=Gelbholz fast ähnlich, jedoch
mit Splint bedeckt und hat weniger gelbfärbendes Pigment.

4) Das brasilianische Gelbholz ist das geringste und fast
ganz unbrauchbar für jeden Zweig der gesammten Zeuchdruckerei und
Färberei. Es kommt in zwar großen, jedoch leichten Stücken, von
außen mit Splint überzogen, inwendig von matter, grünlich=gelber
Farbe im Handel vor. Dasselbe wird vorzüglich betrügerischer Weise
mit dem Abfall der guten, gemahlenen Gelbhölzer vermischt und feucht
in den Handel gebracht. Man hat sich daher vor den Ankauf dieses
Holzes zu hüten.

Das Gelbholz ist nach neueren chemischen Erfahrungen in voll=
kommener Güte im Zeuchdruck sowohl, als zu jedem Zweig der Fär=
berei zu verwenden, und ersetzt den theuren Wau und die Kreuzbeere
zu den vollkommenen gelben und grünen Farben.

Um dies zu bezwecken, brüht man das gehobelte oder geraspelte
Gelbholz mit einer Flüssigkeit von reinem heißen Wasser ab und kocht
hierauf das abgebrühte Gelbholz nach dem bekannten Verfahren in
reinem Wasser aus, wodurch man eine reine Gelbholzflüssigkeit erzielt.

Der Gelbholz=Extract wird nach demselben Verfahren, als
der Roth= und Blauholz=Extract im Großen bereitet. Derselbe ist
eine dunkelgelbe, feste Masse, in 40 bis 50 Pfund schweren Kisten
verpackt. Ein Pfund desselben ersetzt die Abkochung von 5 Pfund
Cuba=Gelbholz.

Für den Zeuchdruck findet derselbe vortheilhafte Verwendung,
namentlich in Verbindung mit Indigo=Carmin oder blausaurem Kali,
zur Darstellung grüner Farben.

Kreuzbeere (Avignonbeere)

ist die Frucht des Färbe-Kreuzdorns, welcher vorzüglich in Persien, der Türkei, im südlichen Frankreich, jedoch auch in Deutschland vorkommt.

Die Beeren werden, ehe sie gereift sind, abgenommen, und zeigen sich in matt grüngelblicher Farbe und von bitterem Geschmack.

Die persische Kreuzbeere ist wegen ihrer Größe und des reichhaltigen gelbfärbenden Pigments, welches sie enthält, die beste. Dieser folgt die türkische, welche in kleinerer Form und etwas bräunlich gefärbt ist.

Die französische Kreuzbeere (Avignonbeere) ist von geringerer Güte und kleiner, mit einer bräunlichen glatten Oberfläche versehen und enthält wenig gelbfärbendes Pigment.

In Deutschland findet sich dieselbe nicht in hinreichender Menge und ist auch von geringerer Güte.

Im gereiften Zustande findet dieselbe zur Darstellung grünlicher Farben hauptsächlich für Leder Verwendung.

Nach zu langem Aufbewahren nimmt sie eine bräunliche Farbe an und erzeugt schlechte gelbe, fast untaugliche Farben.

Die Abkochung der Kreuzbeere findet nur für den Zeuchdruck zur Darstellung zarter gelber und in Verbindung mit Indigo-Carmin grüner Farben Verwendung.

Krapp (Garancine, Garence.)

Der im Handel vorkommende Krapp ist ursprünglich eine Wurzel (Rubia tinctoria), welche vorzüglich in der Türkei, Frankreich, Holland und Deutschland, namentlich in Schlesien, angebaut wird.

Die Krappwurzel verlangt einen guten Ackerboden und eine fast dreijährige Entwickelung in demselben, um zum Färben geeignet verwendet werden zu können. Erst nach der angegebenen Zeit kann man sie ernten, worauf sie gereinigt und getrocknet wird und auf dazu eingerichteten Mühlen zu Pulver gemahlen und als Krapp in den Handel gebracht wird. Die Bereitung des Krapp ist jedoch nach den Ländern, wo er gebaut wird, sehr verschieden.

In Frankreich und Schlesien wird die Krappwurzel erst nachdem sie von der äußeren Rinde befreit ist, gemahlen. In Holland erzeugt man aus der Wurzel durch Entschälen derselben mehrere Sorten.

Die äußere Farbe des Krapp bedingt nicht immer die Güte desselben; so zeigt sich der beste französische Krapp, der von Avignon, in bräunlicher Farbe, dagegen geringerer holländischer orangegelb.

Guter Krapp muß von süßlichem Geschmack, von eigenthümlichem, nicht unangenehmem Geruch sein und sich fettig anfühlen lassen.

Der Krapp findet für den Zeuchdruck ebenso, wie in allen Zweigen der Färberei zur Darstellung der echt rothen, braunen, violetten und Lilafarben vortheilhafte Verwendung.

Obgleich der Krapp auf allen Zeuchstoffen echte Farben erzeugt, so findet doch mitunter ein Unterschied, namentlich bei Darstellung des sogenannten Türkischroth für Baumwolle, statt. Bringt man nämlich einen auf kalkhaltigem Boden gewachsenen Krapp in Verwendung, so erzielt man kein so volles Roth.

In vielen Fällen werden verschiedene gute Krappsorten, nämlich französischer und holländischer, zusammengemischt und so in Anwendung gebracht.

Verfälschungen des guten französischen (Avignon-) und holländischen Krapp finden wenig statt, jedoch sind die geringeren Sorten, namentlich der sogen. Mullkrapp, um den Preis niedrig zu stellen, vielfach mit Thonerde und Sand vermischt, welches man jedoch leicht erkennt, wenn man einige Loth dieses Krapp mit reinem heißen Wasser löst, worauf sich die beigemischten erdigen Theile desselben am Boden des Gefäßes absetzen.

Die Chemiker von Fach haben sich schon lange und viel darüber gestritten, wie vielfach färbende Substanzen der Krapp enthält, welches der Zeuchdrucker und Färber jedoch längst ergründet hat, wenn nach obiger Erkennung der Güte ein brauchbarer Krapp in Anwendung gebracht wurde.

Die Praxis hat bereits erwiesen, daß man keinen jungen (frischen) Krapp zum Färben in Anwendung bringen soll, und daß sich beim Altwerden desselben in den Fässern ein besonderer Proceß (eine Art Gährung) entwickelt, die demselben zum Vortheil gereicht.

Die im Handel vorkommende Röthe ist ein einjährig wachsender Krapp, der unter dem Namen Breslauer Röthe, in Sommer- oder Herbst-Krapp getheilt, nur zum Roth- und Braunfärben geringer Zeuche dienen kann.

Der Alizari (türkischer Krapp) kommt jetzt selten im Handel vor; derselbe wird meistens von Kleinasien, wo er erzeugt wird, in Wurzeln und zwar in Ballen verpackt nach England gebracht und daselbst zu Krapp bereitet. Es ist eine sehr gute Krappsorte, namentlich zur sogenannten Türkischroth-Färberei der Baumwolle.

Die Garencine ist ein aus dem Krapp dargestelltes Product, welches vor einigen Jahren in Frankreich zuerst dargestellt wurde, daher sein Name Garencine (gereinigter Krapp).

Wenn 1 Pfund derselben $2\frac{1}{2}$ bis 3 Pfund gewöhnlichen Krapp ersetzen soll, so täuscht man sich jedoch in mancher Hinsicht, und man wird, namentlich in der Türkischroth- und Schafwollfärberei wieder zu dem natürlichen Krapp seine Zuflucht nehmen müssen.

Der Grundsatz zur Darstellung der Garencine beruhte hauptsächlich darauf, die Nebenbestandtheile des Krapp, nämlich den gelbfärbenden Stoff desselben, zu fällen, welches sich jedoch, wie bemerkt, in der Praxis nicht vortheilhaft erwiesen hat.

Das Verfahren zur Darstellung der Garencine ist sehr einfach und wird gewöhnlich auf folgende Weise vollzogen.

Der zu reinigende Krapp wird erst mit reinem kalten Wasser angefeuchtet und dieser Masse hierauf die Hälfte des Gewichts an Krapp Schwefelsäure (englisches Vitriolöl) hinzugefügt. Nachdem dies geschehen, läßt man die Masse gut durcharbeiten und sie 24 Stunden lang in diesem Zustande verbleiben, worauf man dieselbe in reinem kalten Wasser auswässert, dann noch etwas calcinirte Soda- oder Pottaschenflüssigkeit hinzufügt und sie abermals in reinem kalten Wasser auswässert. Nachdem sie getrocknet, wird der Rückstand als Garencine gemahlen.

Das Garence wird aus dem schon zum Rothfärben gebrauchten Krapp dargestellt. Dasselbe kann vorzüglich zur Darstellung der braunen Farben sowohl für Baumwollen- als Schafwollenzeuche vortheilhafte Anwendung finden.

Die Darstellung desselben wird folgendermaßen vollzogen.

Man sammelt die Farbflotten, worin man Baumwollen- oder Schafwollenstoffe roth gefärbt, und klärt nach einiger Zeit die Flüssigkeit vom Bodensatz behutsam ab. Der dicke Brei wird hierauf mit schwefelsaurem Wasser von 30 Grad Stärke nach Beaumé's Säurenmesser versetzt, gut umgearbeitet und läßt diese Säure 10 Stunden, jedoch nicht länger, darauf einwirken. Nachdem dies geschehen, wird derselbe in reinem kalten Wasser gut ausgewaschen, damit die anhängende Schwefelsäure entfernt wird. Hierauf werden 100 Pfund dieses

Krapprückstandes mit 1 Pfund Zuckersäure, welche in 20 Pfund reinem heißen Wasser gelöst ist, übergossen, gut umgearbeitet und nach einigen Stunden abermals in reinem kalten Wasser ausgewaschen, dann mit etwas calcinirter Soda oder Pottasche versetzt, wiederum in reinem kalten Wasser gewaschen (ausgesüßt), getrocknet, gemahlen und nun zum Färben in Anwendung gebracht.

Catechu. Japonica.

Das Catechu ist keine erdige Substanz, wie man früher glaubte, und hat es demnach fälschlich Terra=Catechu benannt. Es ist vielmehr der eingetrocknete Rückstand von der Abkochung des Holzes der Mimosa Catechu, welche in Ostindien, sowie auch in einigen Gegenden Südamerika's wild wächst.

Das echte Catechu ist von dunkelbrauner Farbe, leicht zerbrechlich und muß in kochendem Wasser, ohne einen Rückstand zu hinterlassen, löslich sein.

Dasselbe findet in der Zeuchdruckerei, Baumwollen= und Seidenfärberei zur Darstellung echter brauner Farben vortheilhafte Anwendung.

Die Japonica, fälschlich auch Terra=Japonica genannt, ist eine geringere Gattung von Catechu, und wird nach demselben Verfahren aus dem Arkanabaum und der Frucht desselben bereitet. Dasselbe kommt in gelben, würfelförmigen Stücken im Handel vor und dient ebenfalls zum Braunfärben, enthält jedoch nur die Hälfte an Farbsubstanz, als das echte braune Catechu. Wegen des in demselben enthaltenen Gerbestoffs findet das Catechu als Japonica vorzüglich in England zum Gerben des Leders vielfache Anwendung.

Bei hohen Catechupreisen wird, namentlich in Deutschland, ein aus der Japonica erzeugtes, dem echten Catechu ähnliches Product dargestellt und betrüglicher Weise als echtes Catechu in den Handel gebracht und Catechu préparé genannt. Die Bestandtheile desselben sind Japonica, chromsaures Kali und Blauholz.

Dasselbe ist von schwarzer Farbe, beim Befeuchten zeigt es sich meist klebrig und läßt im Wasser gekocht einen klebrigen Schleim als Bodensatz zurück. Man muß sich daher vor dem Ankauf dieses Products hüten.

Sumach, auch Schmak genannt.

Der Sumach besteht aus den gemahlenen Blättern und Blattstielen des Gerber-Sumachstrauches, welcher in vielen Gegenden Europa's wild angetroffen, jedoch auch eigens angebaut wird. Derselbe ist sowohl nach den Ländern, wo er erzeugt wird, und deshalb auch in seiner Güte sehr verschieden.

Guter Sumach muß von lebhaft gelbgrünlicher Farbe, Niesen erregendem Geruch, bitter zusammenziehendem Geschmack, sowie fein gemahlen sein.

Der beste Sumach ist der sicilianische, da man dort nur die Blätter zum Mahlen verwendet, welche das meiste Pigment enthalten.

Diesem folgt der venetianische und Veroneser. Bei den geringeren spanischen und Triester Sorten sind oft Zweige, Blattstiele und Blätter zusammengemahlen; derselbe ist daher meist ganz werthlos.

Durch zu langes Aufbewahren verliert der Sumach sehr an Güte und verdirbt oft gänzlich.

Der Sumach enthält Gerbestoff und findet zum Gerben namentlich des Saffianleders geeignete Verwendung. In der Zeuchdruckerei wird derselbe bei Darstellung der aus Krapp oder Blauholz gefärbten Beizdruckfarben in Gebrauch genommen und trägt viel zur Erhaltung der weißen Muster bei. In der Baumwollenfärberei findet er sowohl als Basis, um die Farben schön und egal anzunehmen, als auch zum Grau- und Schwarzfärben der Baum- und Schafwolle vielfache Verwendung.

Galläpfel. Bablah, Dividivi, Mirabola.

Die Galläpfel sind der Auswuchs der an den Blättern einer nur in südlichen Gegenden wachsenden Eichengattung durch den Stich eines Insects, welches seine Eier dahin legt, entsteht.

Die besten sind die von Aleppo. Sie sind in kleiner Form, stachelig, von schwarz-grünlich-grauer Farbe und schwer; dieselben kommen in Haarsäcke verpackt im Handel vor.

Die gemischten Galläpfel sind ebenfalls eine türkische Sorte und zwar von dunkler und gelblicher Farbe; sie stehen daher denen von Aleppo in der Güte nach.

Die italienischen Galläpfel sind größer, gelb, von glatter Oberfläche und haben noch weniger Werth, als die gemischten.

Wegen des in denselben reichlich enthaltenen Gerbestoffs finden sie nicht nur zum Gerben der feinen Ledersorten, sondern auch als Basis beim Türkischroth-Färben und zum Grau- und Schwarzfärben der Baum- und Schafwolle Anwendung.

Als Ersatzmittel für den echten sicilianischen Sumach und die Galläpfel haben die **Bablah, Dividivi, Mirabola** dann und wann Anwendung gefunden. Genannte drei Ersatzmittel sind die Fruchtkörner von verschiedenen in Ostindien und Südamerika wild wachsenden Pflanzen; der in denselben enthaltene Gerbestoff ist jedoch nicht sattsam darin vorhanden und oft mit fremdartigen Substanzen, als Schleim 2c., vermischt, auch hat deren Wirkung nicht überall und in Allem entsprochen.

Baumwolle.

Die **Baumwolle** wird von den Flocken gewonnen, welche in den holzigen Kapseln enthalten sind, die den Samen des Baumwollenstrauchs einhüllen und von welchen derselbe künstlich gereinigt wird. Das Vaterland des Baumwollenstrauchs ist Ostindien und die Levante. Die Verpflanzung desselben nach den südlichen Staaten von Nordamerika hat ein so glückliches Resultat ergeben, daß nach kaum einem Jahrhundert die Staaten von Tennessee, Louisiana, Florida, Süd-Carolina Millionen Pfunde der besten Baumwolle erzeugten und in der Cultur derselben immer fortschreiten. Die nordamerikanische Baumwolle zeichnet sich durch sorgsame Reinigung, Weiße, sanften Angriff und elastischen Zug gegen alle bekannten Baumwollsorten aus und kann zu dem Garn (Twist) so fein als Seide gesponnen werden. Die Ausfuhr derselben geschieht meistens von New-Orleans aus in Ballen von 4 bis 500 Pfund nach Liverpool in England, woselbst sie in ungeheuren Massen in Auctionen versteigert, in den großen Spinnereien Englands meist zu Garn (Twist) gesponnen und von da nur ein kleiner Theil desselben nach Frankreich und Deutschland kommt. Die Preise der nordamerikanischen Baumwolle werden durch wucherische Speculation der Engländer oftmals erhöht. Wie oben bemerkt, schreitet aber die Cultur derselben reißend fort, daß die Production die Consumtion mehr als befriedigen kann, welches die Preise ebenso wieder herunterdrücken wird.

Die ostindischen, südamerikanischen, levantischen Baumwollen kommen in Europa jetzt selten im Handel vor und sind von den nordamerikanischen fast gänzlich verdrängt worden. Die Surate-Baumwolle, eine ostindische Baumwolle, ist von allen Baumwollsorten die geringste.

Es hat sich in der praktischen Baumwollenfärberei und Zeuchdruckerei erwiesen, daß ein aus der nordamerikanischen Baumwolle erzeugtes Garn (Twist) oder Zeuchstoff sich vorzüglicher bleicht, färbt und zum Bedrucken die Farben weit kräftiger annimmt, als die aus anderen Baumwollen erzeugten Garne und Gewebe.

Bei dem weiten Transport ist die Baumwolle oftmals der Nässe, namentlich der Beschädigung mit Seewasser ausgesetzt. Verbleibt die Baumwolle in diesem Zustande lange Zeit, so verliert sie nicht nur zum Spinnen einen Theil ihrer Elasticität, sondern es werden auch dadurch auf die zu färbenden Garne und Zeuche große Nachtheile ausgeübt, welche sich der Färber und Zeuchdrucker oft gar nicht zu erklären vermag.

Eine solche Baumwolle kann allenfalls nur zu solchen technischen Zwecken, wo nicht soviel darauf ankommt, namentlich zur Fabrikation der Watten ꝛc., verwendet werden.

Lein (Flachs).

Der Lein ist eine Pflanze, welche in fast allen Welttheilen angebaut wird, theils ihres Samens (Leinsamen, Leinsaat), theils ihres Stengels wegen, aus welchem der für die Gewerbe so wichtige Flachs gewonnen wird.

Die Güte des Flachses hängt theils von dem Boden, auf dem er erzeugt worden, theils von der sorgsamen Behandlung, mit welcher das sogenannte Rösten, d. h. den wirklichen Flachs von der holzigen, gummiartigen Schaale befreien, vollzogen ist, ab.

Guter Flachs muß von heller, graugelblicher (silbergrauer) Farbe, weich im Anfassen, von feinem Faden, rein von Unreinigkeiten (Scheve) und möglichst lang sein.

Flandern und Hannover erzeugen die besten Flachssorten. Von letzterem ist der Uelzener Flachs vorzüglich schön.

Der bei der Reinigung des rohen Flachses erzeugte Abfall (Heede, Werg) wird jetzt namentlich von englischen Maschinen-Flachs-Spinnereien zu hohen Preisen angekauft, mit gutem Flachs vermischt und zu Garn gesponnen. Die solchermaßen in den Handel gebrachten englischen

Flachsgarne haben zwar ein sehr gleichförmiges Gespinnst, sind jedoch nicht von der Güte, als das aus reinem Flachs erzeugte Handgespinnst.

Der Flachs, zu Garn gesponnen, wird theils in diesem Zustande zu Zwirn, theils zu Leinewand verwendet.

Das Reinigen und Bleichen dieser Fabrikate verursacht mehr Mühe und Zeit, als dasjenige der aus Baumwollengarn erzeugten. Zum Färben und im Zeuchdruck bedürfen die aus Flachs erzeugten Zeuchstoffe zwar nicht so viel färbendes Pigment (Farbestoff), als die aus Baumwolle erzeugten, die Farben fallen jedoch niemals so schön und kräftig aus.

Hanf. Manilla-Hanf.

Ein dem Flachs ähnliches Gewächs, nur von stärkerem, nicht so weichem Faden. Ursprünglich in Persien zu Hause, wird derselbe jetzt auch vorzüglich im südlichen Rußland, in Italien, sowie im südlichen Deutschland angebaut. Derselbe findet vorzüglich zur Anfertigung von Seilen (Tauen) und sogenanntem Segeltuch Verwendung.

Der ostindische Hanf, welcher unter dem Namen Manilla-Hanf jetzt vielfach nach Europa in den Handel gebracht wird, hat eine bastartige Eigenschaft und ist daher zum Spinnen nicht tauglich. Seine Verwendung findet meist nur zu nützlichen Geflechten, wie auch zu Luxusgegenständen, die sich sehr dauerhaft erweisen sollen, statt. Die Güte desselben beruht darauf, daß derselbe von möglichst weißer Farbe, glänzend und in einer Länge von 1 bis $1\frac{1}{2}$ Berliner Elle ist. Um denselben zu färben, bedarf er keiner vorherigen Reinigung. Das Färben wird ebenso, wie bei der Baumwolle oder dem Flachs vollzogen.

Oele.

Man unterscheidet zwei Arten derselben, nämlich flüchtige und fettige Oele.

Die flüchtigen oder ätherischen Oele werden aus wohlriechenden Pflanzen oder aus den Früchten derselben, z. B. Citronenöl durch Auspressen der Citronenschaale, andere auch durch Destillation erzeugt. Diese Oele verflüchtigen sich in der Wärme, und finden in der Zeuchdruckerei und Färberei keine Verwendung, sondern werden nur in der Medicin ꝛc. gebraucht.

Die fetten oder festen Oele werden aus den Saamen verschiedener Pflanzen und Früchte durch Auspressen derselben gewonnen. Dieselben unterscheiden sich wiederum dadurch, daß einige an der Luft austrocknen und hart werden, wie z. B. das Leinöl, und andere immer weich bleiben, wie z. B. das Baumöl.

Unter allen festen oder fettigen Oelen ist das Baum- oder Olivenöl das einzige, welches in der Färberei, namentlich bei der Darstellung des Türkischroth Verwendung findet; man muß daher beim Ankauf desselben mit Vorsicht verfahren, da dasselbe vielfach gefälscht ist und das unechte zu obigem Behuf nicht gebraucht werden kann.

Das Olivenöl wird in drei Sorten in den Handel gebracht, welche ebenso in Güte, wie im Preise verschieden sind.

1) Das Jungferöl. Dieses Oel wird kalt aus den reifen Oliven gepreßt und ist ein sehr fettes Oel von grünlicher Farbe und angenehmem Olivengeschmack. Es wird hauptsächlich nur zu Speisen verwendet.

2) Das gewöhnliche Baumöl wird aus dem Mark der Oliven, aus denen man das Jungferöl gewonnen, gepreßt. Die ausgepreßten Oliven werden zu diesem Behuf mit heißem Wasser befeuchtet und nochmals ausgepreßt.

3) Die dritte Sorte Baumöl wird aus den schon zweimal ausgepreßten Oliven bereitet, indem man den heiß gemachten Rückstand derselben stark auspreßt.

Das Baumöl ist, da es viel Pflanzenschleim enthält, namentlich für die Türkischroth-Färberei und zur Bereitung der Seife, vorzüglich der Marseiller Seife, das geeignetste Oel.

Wegen der in demselben enthaltenen Schleimtheile muß man dasselbe an einem kühlen Orte aufbewahren, damit es nicht in Gährung übergeht.

Das echte Olivenöl (Baumöl) gerinnt (erstarrt) bei einem Kältegrad sehr leicht. Durch diese Eigenschaft kann man die Fälschung mittelst anderer Oele zwar entdecken, es ist dies jedoch nicht immer hinreichend, um sich gegen nachtheiligen Betrug zu verwahren. Folgendes Verfahren wird am besten geeignet sein, sich von der Güte des Baumöls zu überzeugen.

Man bereitet eine Flüssigkeit von reinem heißen Wasser und bester calcinirter Soda, so daß dieselbe nach dem Laugenmesser eine Stärke von 2 Grad zeigt, und gießt selbige über das zu untersuchende Baumöl.

Sobald sich die Sodaflüssigkeit mit dem Oel verbindet, entsteht eine weiße seifenartige Flüssigkeit, diese gießt man einige Mal hin und her, damit sich Sodalauge und Oel verbinden und auf einander wirken. Alsdann läßt man die Flüssigkeit 6 Stunden lang ruhig stehen. Hat sich das Oel nach Verlauf dieser Zeit nicht von der Sodaflüssigkeit abgesondert und ist es nicht auf die Oberfläche gestiegen, so kann man annehmen, daß dasselbe nicht mit geringerem Oel, als gereinigtem Rüböl ꝛc., gefälscht ist.

Pflanzenstoffe,

welche in der Neuzeit für den Zeuchdruck und die gesammte Färberei keine oder nur geringe Anwendung finden, sind folgende: die Alkanna-, Curcumä- und Berberice-Wurzel, sowie der Saflor; letzterer ist von dem schöner und echter färbenden Anilin verdrängt worden.

Dritte Abtheilung.

Die metallischen Körper und ihre Verbindung mit Säuren und Salzen in ihrer Anwendung für den Zeuchdruck und die Färberei.

Die meisten Metalle verbinden sich mit dem Sauerstoff, einige nur in einem, andere in mehreren, wieder andere in solchen Verhältnissen, daß sie mit demselben in Säuren übergehen.

Ist ein Metall mit weniger Sauerstoff verbunden, als es aufnehmen kann, so nennt man es ein Oxydul; ist es mit so viel desselben verbunden, daß es keinen mehr aufnehmen kann, so heißt es ein Oxyd. Viele Körper können sich in mehreren Verhältnissen mit dem Sauerstoff verbinden.

Die Sauerstoffsäuren sind dadurch ausgezeichnet, daß sie sich mit anderen Körpern vereinigen und Salze bilden; z. B. wenn sich Schwefel mit Sauerstoff verbindet, entsteht daraus die bekannte Schwefelsäure (englisches Vitriolöl).

Aber Schwefelsäure und Eisenoxydul können sich wiederum mit einander vereinigen und bilden ein Eisensalz, den Eisenvitriol (Kupferwasser).

Der Verbindung der Körper ist die Zerlegung derselben entgegengesetzt. Die Zerlegung ist das chemische Verfahren die Bestandtheile derselben von einander zu scheiden, um ihre Bestandtheile und Eigenschaften genauer kennen zu lernen.

Die Erscheinungen, welche sowohl in der Verbindung, wie in der Zerlegung der Körper stattfinden, zeigen sich auch in der chemischen Anziehungskraft derselben. Diese Kraft strebt mit stärkerer oder schwächerer Macht unablässig, die getrennten Bestandtheile der Körper oder Substanzen wieder aneinander zu bringen.

Die chemische Verwandtschaft wirkt zwischen Körpern und Substanzen von verschiedener Natur: sie äußert sich mit so viel stärkerer Kraft zwischen zwei Substanzen, wovon die eine flüssig und die andere fest ist, z. B. bei Bereitung des salpetersauren Eisens.

Die durch die Wirkung der Verwandtschaft entstandenen chemischen Verbindungen haben neue, von denen der Körper oder die Substanzen, aus welchen sie erzeugt worden sind, verschiedene Eigenschaften angenommen.

Die Entstehung, sowie die Bereitung der Salze und Säuren, ihre Anwendung für den Zeuchdruck und die Färberei nach dem jetzigen höheren Standpunkt der technischen Chemie ist in Folgendem mitgetheilt.

Schwefelsäure (Vitriolöl, Eisöl).

Sie kommt in großer Menge, jedoch nur an andere Körper gebunden, z. B. den Schwerspath, den Vitriolen ꝛc., vor. Es ist die stärkste aller Säuren.

Die Schwefelsäure wird auf zweierlei Art gewonnen, und man theilt sie in die rauchende und in die nicht rauchende.

1) **Rauchende Schwefelsäure** (Nordhäuser Vitriolöl) wird durch Destillation des vorher an der Luft erhitzten (calcinirten) Eisenvitriols in Thongefäßen gewonnen. Es ist eine bald weiße, bald bräunlich gefärbte Flüssigkeit und raucht stark an der Luft. Sie muß eine Stärke von 80 Grad nach Beaumé's Säurenmesser zeigen. Dieselbe ist eine Auflösung von wasserfreier Schwefelsäure in wasserhaltiger, welche erstere, da sie sehr flüchtig ist, beständig davon abzudunsten strebt und daher mit der Feuchtigkeit der Luft den Rauch bildet; man muß sie daher vor dem Zutritt der Luft sorgsam bewahren.

In vollkommener Güte lösen 3 Pfund derselben 1 Pfund zartgepulverten Indigo vollkommen auf.

Die wasserfreie Schwefelsäure wird erhalten, wenn man Nordhäuser Vitriolöl in einer Retorte mit Vorlage bei gelinder Erhitzung destillirt.

Die wasserfreie Säure bildet in der abgekühlten Vorlage weiße, seidenartige Krystalle (Eisöl), welche sich, ins Wasser geworfen, stark erhitzen. Die Darstellung derselben ist zwar kostspieliger, sie löst jedoch den Indigo am vollkommensten auf.

2) **Nicht rauchende Schwefelsäure** (englisches Vitriolöl genannt). Dieselbe wurde zuerst in England, jedoch jetzt eben so vollkommen und billig in Deutschland dargestellt. Es ist eine farblose, nicht rauchende Flüssigkeit ohne Geruch, zerstört alle Pflanzen- und Thierstoffe, schwärzt sie und löst sie auf, daher das Schwarzwerden dieser Säure durch Hineinfallen von Stroh oder Holz. Sie ist nicht wasserfrei darzustellen, erzielt nur eine Stärke von 65 Grad nach Beaumé's Säurenmesser und ist zur Auflösung des Indigo nicht tauglich.

Aus der Luft zieht sie schnell Wasser an, was derselben nach längerer Zeit sehr nachtheilig ist. Man muß sie daher in gut verschlossenen Gefäßen aufbewahren.

Die Bereitung wird dadurch vollzogen, daß man in der Luft brennenden Schwefel mit salpetriger Säure in Berührung (Stickstoffgas) bringt und den Dampf in mit Wasser gefüllte Bleikammern leitet. Ist das Wasser bis zu einem gewissen Grade gesättigt, so wird es abgelassen und in einem Platina-Gefäß abgedampft, um der Säure die nöthige Stärke zu geben.

Sie dient zu vielseitigem technischen Gebrauch und auch zur Darstellung vieler anderen Säuren.

In dem Grade, als man die Säure mit reinem Wasser vermischt, vermindern sich die Grade derselben. Aber alles hinzugesetzte Wasser kann durch Erwärmung wiederum abgedunstet werden, so daß sie ihre vorherige Stärke wiedererlangt.

3) **Unterschwefelsäure.** Diese Schwefelsäure ist nur in wasserhaltigem Zustande bekannt. Es ist eine geruchlose, saure Flüssigkeit, die sich beim Erhitzen in schweflige Säure und Schwefelsäure zersetzt.

Die Unterschwefelsäure entsteht, wenn schwefelsaures Gas in mit Wasser angerührtes Braunsteinpulver (Mangan) geleitet wird.

4) **Schweflige Säure** ist ein farbloses Gas und entsteht von dem erstickenden Geruch des verbrennenden natürlichen Schwefels in der Luft.

Die schweflige Säure hat die Eigenschaft, gefärbte Pflanzen- und Thierstoffe zu bleichen, daher die Anwendung des von verbrennendem

Schwefel sich entwickelnden Gases zum Bleichen der Seiden- und Schafwollenstoffe (Schwefeln), eine einfache bekannte Operation.

Salpetersäure (Scheidewasser).

Die Salpetersäure ist eine der stärksten Säuren, aber sehr leicht zu zersetzen. Versucht man, ihr das Wasser zu entziehen, z. B. durch starke Schwefelsäure, so zerfällt sie in Sauerstoffgas und gelbrothe Dämpfe von salpeteriger Säure. Eben so wirkt das Sonnenlicht, jedoch langsam auf dieselbe, weshalb diese farblose Säure im Sonnenschein gelb gefärbt wird.

Die Salpetersäure wird durch Destillation des Salpeters in Verbindung mit starker Schwefelsäure gewonnen, daher ihr Name. Die erhaltene Säure ist farblos oder schwach gelb gefärbt, der Rückstand in der Retorte, worin dieselbe destillirt, ist saures schwefelsaures Kali.

Auf dieser leichten Zersetzbarkeit beruht ihr Vermögen, viele Metalle, namentlich Zinn, Eisen, Kupfer, Blei ꝛc., aufzulösen. Das im Handel käufliche Scheidewasser ist meistens eine mit Wasser verdünnte Salpetersäure, und oft nicht in reinem Zustande. Dieselbe muß eine Stärke von 36 Grad nach Beaumé's Säurenmesser zeigen. Da man nicht jederzeit Gelegenheit hat, sie zu prüfen, so ist es sehr gut, dieselbe nur von gut renommirten Fabriken zu entnehmen.

Der zur Darstellung der Salpetersäure nöthige Salpeter (salpetersaures Kali) wird zum Theil im Großen gewonnen. Derjenige, welcher in manchen Gegenden, z. B. in Chili (Chili-Salpeter), aus der Erde wittert und in der Neuzeit in Europa in großer Menge eingeführt wird, verdient den Vorzug.

Früher hatte man aus künstlich zubereiteten Salpetererden, einem Gemenge von Pflanzen- und Thierstoffen, welche mit Harn (Urin) befeuchtet und Jahre lang der Luft ausgesetzt wurden, wobei man die sogenannte Salpetererde mit Wasser auslaugt, sowie durch Krystallisiren der Lauge den rohen oder unreinen Salpeter erzeugt. Derselbe ist in feuchten, gelblich gefärbten Krystallen.

Durch Reinigen (Umkrystallisiren), welches vorzüglich in England geschieht, kommt derselbe in weißen, säulenförmigen, inwendig gewöhnlich hohlen Krystallen im Handel vor.

Derselbe findet, wie bemerkt, in vielen technischen Gewerben, namentlich auch zur Bereitung des Schießpulvers, Verwendung.

Lezteres ist ein inniges Gewebe von 76 Theilen Salpeter, 11 Theilen Schwefel und 13 Theilen Holzkohle.

Salzsäure.

Die im Handel vorkommende Salzsäure wird meistens durch Destillation des Kochsalzes (Chlornatriums) in Verbindung mit Schwefelsäure dargestellt. Im reinen Zustande ist es eine weiße, scharf ätzende Flüssigkeit, die an der Luft erstickende Dämpfe ausstößt; oftmals ist dieselbe gelblich gefärbt, welches vielleicht durch eine Beimischung von Chlor entstanden sein kann, was jedoch die Güte derselben nicht benachtheiligt.

In der Zeuchdruckerei und Färberei findet die Salzsäure zur Bereitung der Zinn- und Eisenauflösungen vielfache Verwendung. Zu diesem Behuf muß dieselbe aber nach Beaumé's Säurenmesser eine Stärke von 22 Grad zeigen.

In der Neuzeit wird sie bei Bereitung des Glaubersalzes (schwefelsauren Natrons) als Nebenproduct gewonnen, daher der jetzt so billige Preis derselben.

Chlor.

Die Darstellung des Chlors wird künstlich dadurch vollzogen, daß man eine Mischung von gepulvertem Braunstein (Mangan), Kochsalz und mit Wasser verdünnter Schwefelsäure in eine Retorte bringt, die Flüssigkeit erhitzt und mittelst einer Glasröhre das sich entwickelnde Chlorgas in reines Wasser leitet, so lange, bis dasselbe nichts mehr aufnimmt (nicht mehr aufbraust).

Das Chlorgas ist von grüngelber Farbe, hat einen eigenthümlichen Geruch und bleicht die Pflanzenstoffe, daher seine vortheilhafte Verwendung zur Weißbleiche.

Die Zusammensetzung der chemischen Substanzen zur Darstellung des Chlorgases ist abweichend; am zweckmäßigsten bringt man 10 Theile Kochsalz, 6 Theile gepulverten Braunstein (Mangan), 20 Theile Schwefelsäure (englisches Vitriolöl) mit 10 Theilen reinem kalten Wasser mit einander in Verbindung.

Laugensalze (Kali, kohlensaures Kali, Pottasche).

Das Kali wird aus der Asche harter Holzarten und überhaupt aus der Pflanzenasche im Großen gewonnen, und kommt unter dem bekannten Namen Pottasche im Handel vor.

Die Bereitung derselben wird folgendermaßen vollzogen.

Die Asche, welche außer anderen meist unlöslichen Bestandtheilen auflösliches kohlensaures Kali enthält, wird mit Wasser ausgelaugt und diese Lauge abgedampft, wodurch man die rohe Pottasche erhält. Durch Glühen (Calciniren) in eigens dazu eingerichteten Oefen wird dieselbe sodann gereinigt.

Die Pottasche ist ein mit mehreren Salzen mehr oder weniger verunreinigtes kohlensaures Kali, und in dieser Gestalt wird das meiste Kali verbraucht. Sie ist eine feste, weiße, häufig auch blau oder grünlich gefärbte Masse, zerfließt leicht an der Luft und hat einen scharfen Laugengeschmack. Die Güte derselben ist sehr verschieden.

Die deutschen Pottaschesorten, vorzüglich aber die nordamerikanische, welche unter dem Namen Perlasche im Handel vorkommt, sind die besten.

Die russische Pottasche ist sehr häufig mit Gyps, Sand, Kalk ꝛc. verfälscht.

Die rohe, uncalcinirte Pottasche bildet eine Sorte für sich, eben so die amerikanische Steinasche, welche nächst jener ebenfalls im rohen Zustande vorkommt; letztere ist besonders scharf und ätzend. Dieselbe wird meistens zur Darstellung der Seife verwendet.

Gute Pottasche muß von weißbläulicher Farbe, von scharfem, laugenartigem Geschmack sein und im pulverisirten Zustande mit Speichel benetzt in der Hand eine auffallende Wärme erregen, sowie sich in reinem warmen Wasser leicht lösen, ohne einen bedeutenden unauflöslichen Rückstand zu hinterlassen. Etwas von solchem Rückstand enthält jedoch auch die beste Pottasche.

Um jedoch zu ergründen, ob die Pottasche mit Sand, Gyps ꝛc. gefälscht ist, wodurch dieselbe natürlich schwächer an Laugensalz ist, verfährt man folgendermaßen.

Man bringt in ein Glas 4 Loth reines, handwarmes Wasser und läßt in der Flüssigkeit 1 Loth der zu prüfenden Pottasche lösen. In ein anderes Glas bringt man eine gleiche Quantität Wasser und eine gleiche Menge von der schon als gut befundenen Pottasche und setzt nun den Pottaschelösungen eine genau abgewogene Menge von Schwefelsäure (englischem Vitriolöl) behutsam tropfenweis hinzu. Bleibt die Pottaschelauge, eine geringe Trübung ausgenommen, unverändert, so ist die Pottasche nicht mit Gyps vermischt, welches jedoch der Fall ist, wenn eine gallertartige Verdickung entsteht. Demnach ist die Pottaschelösung hinsichtlich ihres Gehalts an Laugensalz die beste, welche die meiste Schwefelsäure aufnimmt, welches man daran erkennt, daß die Flüssigkeit nicht mehr aufbraust.

Die Pottasche findet sowohl in der Zeuchdruckerei und Färberei, sowie zur Glas= und Seifenfabrikation vielfache Verwendung.

Soda (Natron, kohlensaures Natron).

Im Allgemeinen hat die Soda dieselben Eigenschaften, als die Pottasche. Dieselbe wird in den Künsten und Gewerben auch zu ein und denselben Endzwecken gebraucht.

Es kommen zwei Sorten derselben im Handel vor, nämlich die natürliche und die künstlich bereitete Soda.

In manchen Ländern wittert dieselbe in großer Menge aus der Erde, wo sie zum behufigen Gebrauch gesammelt, gereinigt und sodann als calcinirte Soda in den Handel gebracht wird. Vielfach wird jedoch die natürliche Soda durch Verbrennen an dem Meeresstrande wachsender Pflanzen gewonnen. Die davon zurückgebliebene Asche bildet steinartige Massen von laugenartigem, salzigem Geschmack; sie wird, um sie zum Gebrauch geschickt zu machen, gereinigt (calcinirt).

Oft findet dieselbe, namentlich zur Seifenfabrikation, auch im natürlichen, ungereinigten Zustande Verwendung. Die Sodaklumpen werden zu diesem Behuf nur sehr feingepulvert und mit heißem Wasser ausgelaugt.

Die spanischen und sicilianischen Sodasorten sind die vorzüglichsten. Die Erkennung der Güte derselben ist ebenso wie bei der Pottasche zu prüfen.

Die meiste Soda wird jedoch jetzt aus dem Glaubersalz (schwefelsaurem Natron) künstlich gewonnen, daher der so billige Preis derselben.

Die Darstellung derselben geschieht auf die Weise, daß man wasserfreies Glaubersalz mit gleichen Theilen gepulverter Kreide (kohlensaurem Kalk) und $2/5$ Kohlenpulver genau mengt und in einem Calcinirofen so lange glüht, bis die Masse dickflüssig (teigartig) geworden ist, worauf man sie erkalten läßt. Sie besteht aus einem Gemenge von Schwefelcalcium und kohlensaurem Natron.

Die calcinirte Soda kommt in weißen, oft pulverartigen Stücken von laugenartigem, salzigem Geschmack im Handel vor. In der Luft zieht dieselbe leicht Feuchtigkeit an, zerfließt jedoch nicht wie die Pottasche.

Dieselbe findet in der Färberei und bei der Seifenfabrikation dieselbe Anwendung, als die Pottasche.

Die krystallisirte Soda wird auf demselben Wege im Großen gewonnen; sie bildet weiße, feuchte, matt durchsichtige Krystalle von kühlem, laugenartigem, salzigem Geschmack. Der Luft ausgesetzt, überziehen sich dieselben mit einem weißen Staub und zerfallen zuletzt zu Pulver (Entweichung des in derselben enthaltenen Krystallwassers).

Das Glaubersalz findet sich im natürlichen Zustande in vielen Mineralwässern, wird jedoch im Großen aus Koch- oder Meersalz und Schwefelsäure, sowie auch als Nebenproduct aus der Mutterlauge der Salinen und bei der Salmiakbereitung gewonnen.

Es bildet weiße Krystalle von kühlendem, bitterlich-salzigem Geschmack, die an der Luft leicht verwittern.

Dasselbe findet in Verbindung mit Salpeter und Schwefelsäure in der Wollfärberei vielfache Anwendung.

Kalk.

Der Kalk bildet im natürlichen Zustande als kohlensaure und schwefelsaure Kalkerde ganze Gebirge und Lager, findet sich jedoch auch als phosphorsaurer Kalk in den Knochen der Thiere.

Die reine Kalkerde (Kalk) wird im Großen aus dem Kalkstein durch heftiges Glühen desselben in besonderen Oefen (Kalköfen) gewonnen, wodurch die in demselben enthaltene Kohlensäure entfernt wird.

Guter Kalk muß von grauweißer Farbe, leicht, gleichförmig im Bruch und, mit reinem Wasser benetzt, ohne harte Stücken zurückzulassen, zu einem weißen Pulver (Kalkerde-Hydrat) von laugenhaftem Geschmack zerfallen. Kalk, welcher zu viel fremde Beimischungen, namentlich Kieselerde und Thonerde enthält, auch zu stark gebrannt ist, löscht sich nicht (todtgebrannter Kalk) und ist zu Allem untauglich.

Die Aufbewahrung des Kalks muß mit Aufmerksamkeit und in dichten Fässern geschehen, da er an der Luft Kohlensäure anzieht und abstirbt (verdirbt).

Der nach diesem Verfahren erzeugte Kalk findet in der Zeuchdruckerei und Färberei, wie auch bei der Seifenfabrikation und in der Gerberei vielseitige Verwendung.

Aus dem sogenannten mageren Kalkstein (thon- und kieselerdehaltigen Kalk) wird der Wassermörtel (Cement), der sich nicht allein in der Luft, sondern auch unter Wasser zu einer steinharten Masse bildet, dargestellt.

Der aus den Muscheln, namentlich den Austermuscheln dargestellte Kalk (Muschel-Kalk) bildet ein weißes Pulver ohne laugenartigen Geschmack und wird nur in Verbindung mit Sand von den Maurern verwendet.

Chlorsaurer Kalk (Bleichkalk, Bleichpulver).

Diese zum Bleichen der baumwollenen und leinenen Gegenstände, wie auch zur Zerstörung fauler Gerüche und bei ansteckenden Krankheiten so wichtige Substanz wird folgendermaßen im Großen dargestellt.

Man bringt zu Pulver gelöschten Kalk (Kalkhydrat) in luftdichte hölzerne Kufen und läßt in dieselben so lange Chlorgas einströmen, bis der Kalk mit demselben vollkommen gesättigt ist.

Der im Handel vorkommende Chlorkalk bildet ein weißes Pulver von eigenthümlichem, der chlorigen Säure ähnlichen Geruch.

An der Luft zieht der Chlorkalk leicht Kohlensäure und Wasser an, deshalb muß man denselben in gut verschlossenen Gefäßen aufbewahren und in möglichst frischem Zustande in Anwendung bringen.

Kaustisches Kali. Kaustische Lauge.

Das kaustische Kali (Aetzkali) wird durch Lösung der Pottasche in reinem heißen Wasser durch Zersetzung derselben mit Kalkmilch gewonnen.

Beide Substanzen werden zusammengemischt, 15 Minuten lang gekocht, die Flüssigkeit filtrirt, schnell abgedampft und der Kälte ausgesetzt, wo sie leicht fest wird.

Das kaustische Kali bildet eine weiße, spröde Masse und zerfließt leicht an der Luft. Es löst sowohl Kieselerde, wie auch Metalle, namentlich Zinn auf und zerstört alle thierischen Körper.

Im Zeuchdruck findet dasselbe als Beizmittel zum Beizen namentlich der kaliblauen Farben für weiße Muster Verwendung.

Die kaustische Lauge ist eine mehr oder weniger starke Lösung von Pottasche und Kalkmilch: nach der stärkern oder geringern Verwendung beider Substanzen richtet sich gewöhnlich die Stärke derselben nach dem Laugenmesser (Aerometer, auch Alkalimeter genannt).

Die kaustische Lauge enthält dieselben Bestandtheile, wie das kaustische Kali, wird jedoch nur in flüssigem Zustande in Anwendung gebracht.

Die Bereitung derselben wird folgendermaßen vollzogen.

Man läßt in 10 Berliner Quart (20 Pfund) reinem kochendheißen Wasser in einem Holz- oder Eisengefäß 3 Pfund beste Pottasche lösen; in einem andern Gefäß mit derselben Menge kochendheißem Wasser löst man 3 Pfund gelöschten Kalk (Kalkhydrat), rührt diese Flüssigkeiten 8 Minuten lang mit einem Holzstäbchen um und mischt sie dann bei fortwährendem Umrühren zusammen. Nach Zeit von 5 bis 6 Stunden klärt man die Flüssigkeit behutsam vom Bodensatz ab und bewahrt sie in verschlossenen Gefäßen gegen die Einwirkung der Luft auf.

Den Rückstand kann man nochmals mit einer Menge heißem Wasser ausziehen, läßt diesen Auszug sich klären und kann ihn dann zu geeigneten Zwecken in Anwendung bringen.

Die kaustische Lauge findet vorzüglich im Zeuchdruck, sowie in der Baumwollen- und Seidenfärberei vielfache Verwendung.

Alaun (Alumium). Thonerde. Alaunerde.

Die Thonerde bildet einen großen Bestandtheil des Mineralreichs. Die reine Thonerde kommt als Mineral krystallisirt als Edelstein, namentlich als Saphir und Rubin vor und ist nächst dem Diamant der härteste Körper.

Der im Handel vorkommende Alaun, der nicht nur in allen Zweigen der Färberei, sondern auch zur Ledergerberei eine ausgedehnte Verwendung findet, ist eigentlich schwefelsaure Kali-Thonerde, und wird im Großen auf mehrfache Weise gewonnen.

1) Durch Auslaugen alaunhaltiger vulkanischer Erde, namentlich aus der Gegend von Neapel;

2) aus dem Alaunstein im Römischen (römischer Alaun);

3) am allermeisten aber aus dem Alaunschiefer (Alaunerz) durch Verwittern desselben an der Luft, Auslaugen, Zusatz eines schwefelsauren Laugensalzes, Eindampfen und Krystallisiren der Flüssigkeit.

Der Alaun krystallisirt in weißen Stücken und schmeckt säuerlich zusammenziehend. Der neapolitanische ist oftmals röthlich gefärbt, welches eine Beimischung einer eisenhaltigen Thonerde andeutet; oft enthält derselbe viel Kalkerde, daher er, wie auch der römische, in der Neuzeit wenig Verwendung mehr findet, da die Praxis gelehrt hat, daß die deutschen Alaunsorten ein billigeres und besseres Resultat erzielen.

Die Güte des Alauns beruht darauf, daß derselbe ohne Beimischung von Eisentheilen sei; um dies zu ergründen, ist folgendermaßen zu verfahren.

Man füllt ein Bierglas mit reinem handwarmen Wasser, läßt in dieser Flüssigkeit etwas gepulverten Alaun lösen und setzt derselben etwas blausaures Kali (Blutlaugensalz) hinzu. Färbt sich die Flüssigkeit nicht bläulich, so ist der Alaun eisenfrei und kann zu den zartesten Farben Verwendung finden.

Der im Handel vorkommende schwedische Alaun enthält meistens Eisentheile.

Essigsaure Thonerde (Thonerdeansätze).

Die essigsaure Thonerde bildet für den Zeuchdruck, sowie für die Baumwollen- und Seidenfärberei namentlich zur Darstellung der rothen, braunen und Violetfarben eine bisher unentbehrliche Substanz.

Die Bereitung derselben ist zwar einfach, muß jedoch, um ein günstiges Resultat zu erzielen, mit großer Aufmerksamkeit vollzogen werden.

Die Bestandtheile der essigsauren Thonerde sind Alaun und Bleizucker, welche in heißem reinen Wasser gelöst werden. Bei diesem Proceß erzeugt sich die essigsaure Thonerde, welche in flüssigem Zustande bleibt. Die im Alaun enthaltene Schwefelsäure bildet mit dem im Bleizucker enthaltenen Blei schwefelsaures Blei, welches als weißes Pulver zu Boden fällt, früher als unbrauchbar weggeschüttet wurde, jetzt jedoch im Zeuchdruck vortheilhafte Verwendung findet.

Die Darstellung der essigsauren Thonerde wird in der Praxis nach verschiedenen Grundsätzen vollzogen: Es wird im Verhältniß zum Alaun oft mehr oder weniger Bleizucker in Anwendung gebracht; die Erfahrung hat jedoch gelehrt, daß man möglichst nach einem auf der Chemie beruhenden Grundsatz verfahren muß, um bei Anwendung derselben einen guten, sicheren Erfolg zu erzielen.

Folgende in der Neuzeit praktisch erprobte Thonerdeansätze sind daher als ganz sicher anzuwenden.

Nach älterem Verfahren wurde in den Zeuch- oder Kattundruckereien die essigsaure Thonerde in verschiedenen Verhältnissen bereitet und danach eingetheilt, nämlich in dreifache, zweifache und einfache essigsaure Thonerde. Dies geschah jedoch nur als Geheimnißkrämerei, denn jede essigsaure Thonerde in stärkster Darstellung läßt sich durch Verdünnen mit reinem kalten Wasser nach Beaumö's Säurenmesser in jeder beliebigen Stärke (Grade) darstellen und in Anwendung bringen.

1) Essigsaure Thonerde, welche zu Roth, und in Verbindung mit Eisenauflösungen zu Violet und Braun im Zeuchdruck sowohl, wie in der Baumwollen- und Seidenfärberei vollkommene, in jedem Grade nöthige Verwendung finden kann.

Man füllt, um dieselbe darzustellen, ein Tannenholzgefäß mit 50 Berliner Quart (100 Pfund) reinem, scharfheißem Wasser und läßt in der Flüssigkeit 30 Ⅎ. eisenfreien **Alaun** in gepulvertem Zustande bei fortwährendem Umrühren lösen.

Nachdem die Alaunlösung zur Handwärme erkaltet, setzt man derselben 2 Ⅎ. **krystallisirte Soda** hinzu, rührt dieselbe ½ Stunde lang fortwährend um und setzt derselben noch 20 Ⅎ. **Bleizucker** (Sacharum Saturni) hinzu, rührt die nun fertige essigsaure Thonerde bis zum völligen Erkalten fortwährend um, läßt dieselbe 24 Stunden lang ruhen, schöpft die klare Flüssigkeit vom Bodensatz (schwefelsaure Thonerde) behutsam ab und bringt sie nach beliebigen Graden in Anwendung.

2) Die nach obigem praktischen Verfahren bereitete essigsaure Thonerde ist nicht allein im Zeuchdruck und in der Baumwollen- und Seidenfärberei zur Darstellung der rothen Farben nach beliebigen Graden in Verwendung zu bringen, sondern dient auch in Verbindung mit Eisensalzen, namentlich des essigsauren oder holzessigsauren Eisens zur Darstellung der violetten und braunen Farben.

3) Um einen für den Zeuchdruck und die Baumwollen- und Seidenfärberei richtigen Erfolg zu erzielen, sind alle von den sogenannten technischen Chemikern zusammengerührte Substanzen für den Zeuchdrucker und Färber meist so nachtheilig, daß oft ein nicht leicht zu ersetzender Schaden entsteht. Hier giebt nicht die Theorie, sondern die Praxis die Wege an, die der Zeuchdrucker oder Färber zu beachten hat, um richtig zu operiren.

4) Die essigsaure Thonerde läßt sich in gewissen Verhältnissen nicht allein mit Eisensalzen, sondern auch mit Kupferlösungen, namentlich dem Blaustein (schwefelsauren Kupfer) und Eisen verbinden und findet zur Darstellung der Violet- und Lilafarben für die Baumwollen-Zeuchdruckerei und Färberei, sowie für Seidenstoffe vielfache Verwendung.

Die von unkundigen Chemikern angerathenen Zusätze von Salmiak, Arsenik, kaustischer Lauge ꝛc. haben dem praktischen Färber und Zeuchdruckfabrikanten oftmals großen Schaden und Verdruß gebracht.

Die genauen Anwendungen der essigsauren Thonerde und deren Verbindungen mit anderen Salzen und Säuren zur praktischen Darstellung der Zeuchdruckfarben finden später in der Abtheilung des praktischen Zeuchdrucks und der Färberei genaue Mittheilung.

Anilin (Fuksin).

Das Anilin bildet eine der merkwürdigsten Farbsubstanzen der Neuzeit. Die mit demselben gefärbten Schafwollen- und Seidenstoffe nehmen bei einfacher Operation die schönsten Carmoisin- und rosenrothen Farben an, die von den aus Cochenille und Saflor dargestellten sowohl durch Schönheit, als durch Dauer gegen Luft und Säuren nicht übertroffen werden.

Dasselbe ist jetzt im Handel sowohl im flüssigen, als im krystallisirten Zustande käuflich zu haben.

Im flüssigen Zustande ist dasselbe von schöner dunkelrother Flüssigkeit; im krystallisirten sind es grauröthliche, schuppenartige Krystalle, die sich in reinem kochenden Wasser leicht lösen.

Ueber die Bereitung des Anilin ist kein Zweifel. Hermbstädt fand dasselbe schon im Steinkohlentheer und im Indigo, welche Entdeckung erst in der Neuzeit von einem Engländer aufgefaßt wurde, der es mit zweckmäßigen Säuren versetzt als rothfärbende Substanz unter dem Namen Fuksin in Anwendung brachte. Das französische Product unter dem Namen Anilin ist dasselbe.

In Deutschland wird jetzt das Anilin namentlich von der chemischen Fabrik J. J. Hoesch in Barmen bei Elberfeld in vorzüglicher Güte erzeugt und geliefert.

Der bisherige hohe Preis des Anilin und Fuksin wird sich demnach niedriger stellen und sich einer vielseitigen und vortheilhaften

Anwendung im Zeuchdruck und in der Schafwollen- und Seidenfärberei erfreuen.

Zur Darstellung der Carmoisin- und rosenrothen Farben für Baumwollen- und Leinenstoffe ist damit bisher noch kein günstiges Resultat erzielt worden; jedoch ist der mit Praxis verbundenen Chemie in vielen Fällen nichts unmöglich.

Ultramarin (Polka-Blau).

Das echte Ultramarin, eine der theuersten Farbsubstanzen, welche die Römer schon vor Jahrhunderten zum Malen echter blauer Farben kannten, ist Kobaltmetall im oxydirten Zustande. Noch jetzt wird derselbe meist zur Blaufärbung des Glases und Porzellan's in Anwendung gebracht. Es ist ein sprödes, glänzendes, von stahlgrauer Farbe und in kleinen ungestalteten Stücken vorzüglich in Schweden und Norwegen vorkommendes Metall, jedoch meistens an Schwefel und Arsenik gebunden, weshalb es von diesen erst durch schwaches Glühen entfernt werden muß.

Von diesem kostbaren Ultramarin kann jedoch für den jetzigen Bedarf für Zeuchdruck, Malerei ꝛc. hier nicht die Rede sein.

Das jetzt im Handel vorkommende Ultramarin bildet in verschiedenen Nüancen (Abstufungen) in zartgemahlenem Pulver die schönsten blauen Farben.

Die Darstellung desselben wird aus einer kobalthaltigen Thonerde vollzogen.

Zum Blaufärben schafwollener, seidener und baumwollener Gegenstände hat dasselbe bis jetzt, da es vermittelst seiner erdhaltigen Theile (Thonerde) nicht in die Stoffe eindringen kann, keine Verwendung gefunden. In dem Zeuchdruck aber, namentlich für Luxusstoffe, für Tafeldruckfarben ꝛc., findet dasselbe, da es auch den Dämpfen widersteht, bei einfacher Behandlung sehr vortheilhafte Anwendung.

Vierte Abtheilung.

Von den Metallen und deren Verbindungen mit Salzen und Säuren, welche im Zeuchdruck, der Färberei und anderen Gewerben verwendet werden.

Von den 39 einfachen Körpern, welche in der Natur vorkommen und Metalle genannt werden, sind die edlen von den unedlen zu unterscheiden.

Alle Metalle haben einen eigenthümlichen Glanz (Metallglanz); sie sind undurchsichtig und Leiter für Electricität und Wärme.

Mit Sauerstoff, Schwefel und Chlor verbinden sich alle Metalle.

Unter edlem Metall versteht man dasjenige Metall, welches von dem Sauerstoff der Luft nicht anläuft (oxydirt), wie z. B. Gold, Platina und Silber (Quecksilber); letzteres ist jedoch durch Hitze zu verflüchtigen. Die edlen Metalle finden im Zeuchdruck und der Färberei keine Verwendung.

Von den unedlen Metallen finden nur einige für den Zeuchdruck und die Färberei in Verbindung mit dem Sauerstoff der Luft oder anderen künstlich erzeugten Säuren Verwendung, wie Eisen, Kupfer, Zinn, Blei, Zink, Braunstein (Mangan) und Arsenik.

Legirungen nennt man die Verbindung der Metalle unter sich; man erhält sie durch Zusammenschmelzen derselben. Bekannte Verbindungen der Art sind das Messing, welches aus Kupfer und Zink erzeugt, und das Arbeitssilber, welches aus Silber und Kupfer dargestellt wird, sowie auch die Münzsorten.

Im reinen (gediegenen) Zustande kommen die edlen, wie auch die unedlen Metalle in der Natur nicht häufig vor; dieselben sind meistens als Erze an Schwefel und andere Metalle und Säuren gebunden.

Die Operation, wodurch die nutzbaren Metalle aus den Erzen gewonnen werden, geschieht auf den Hüttenwerken durch chemisch-praktisches Verfahren auf verschiedenen Wegen, welches folgendermaßen vollzogen wird.

Eisen. Eisensalze. Eisenvitriol.

Das Eisen ist das verbreitetste aller Metalle; es kommt selten gediegen in der Natur vor (nur als Meteoreisen).

Die Erze, woraus das Eisen gewonnen wird, bestehen meistens aus Magnet-Eisenstein, Eisenglanz und Brauneisenstein; dieselben sind im oxydirten Zustande gewöhnlich mit Schwefel und Säuren verbunden.

Je nach der Natur der Mineralien, welche in den Erzen die Eisenoxyde begleiten, werden dieselben an der Luft geglüht (geröstet), welches die Entfernung von Wasser, Kohlensäure und Schwefel bewirkt, worauf denselben gewisse Flußmittel, wie Kalkstein und Quarz, beigemengt und sie in Schichten von Holzkohlen oder Coals im Hochofen vermittelst eines heftigen Gebläsefeuers eingeschmolzen werden. Das Eisen wird hierbei durch die Kohle aus seinen Oxyden reducirt. Das so erzeugte Eisen ist noch nicht im reinen Zustande und nicht schmiedbar; es kann daher, da es Roheisen ist, nur zu Gußwaaren verwendet werden.

Durch nochmaliges Schmelzen mit Kohle wird das reine Eisen (Stabeisen, Schmiedeeisen) gewonnen.

Das Stabeisen ist im Bruch lichtgrau, das härteste und zäheste aller Metalle, geht mit allen Säuren Verbindungen ein, und findet demnach in vielen Künsten und Gewerben Verwendung.

1) **Eisenvitriol, Kupferwasser** (schwefelsaures Eisenoxydul). Er entsteht durch Auflösen des reinen Eisens in mit Wasser verdünnter Schwefelsäure, wird jedoch im Großen durch Rösten, Verwittern an der Luft und nachheriges Auslaugen der Schwefelkiese gewonnen und alsdann krystallisirt.

Der im Handel vorkommende Eisenvitriol (Kupferwasser) erscheint bald in bläulich-grünen, bald in oliven gefärbten Krystallen.

Die Farbe desselben hat auf seine Güte keinen Bezug. Der englische Eisenvitriol ist von grünbläulicher Farbe, ohne merklichen Geruch, jedoch von zusammenziehendem (abstringirendem) Geschmack. Die deutschen Vitriolsorten sind meistens von olivengrüner Farbe namentlich der vom Harz (Goslar), sowie von eigenthümlich süßlichem Geruch und fettig anzufühlen. Zu technischen Zwecken ist derselbe jedoch dem englischen vorzuziehen.

Im Allgemeinen hat man dem Eisenvitriol bisher zu technischen Zwecken zu wenig Aufmerksamkeit und Beachtung geschenkt, da die englischen Eisenwerksbesitzer denselben als Ballast namentlich nach Hamburg senden und in 500- bis 1000pfündigen Fässern die 100 Pfd. für 16 bis 18 Groschen Courant oft nur deshalb verschleudern, um die deutschen Fabriken zu ruiniren.

Zu beachten ist jedoch, wenn man ihn namentlich zur Lösung des Indigo für die kalte Indigoküpe verwendet, daß derselbe in möglichst frischem Zustande in Anwendung gebracht wird, wodurch es leichter wird, dem Indigo den Sauerstoff zu benehmen.

Demzufolge ist es nöthig, den Eisenvitriol vor dem Zutritt der Luft zu bewahren, da selbiger den Sauerstoff derselben anzieht, in ein gelbliches Pulver zerfällt und zuletzt verwittert (weiß und unbrauchbar wird).

Ein dergleichen alter Eisenvitriol kann jedoch zum Schwarz-, Grau- und Braunfärben aller Zeuchstoffe ohne Nachtheil gebraucht werden.

2) Salzsaures Eisen (Eisenchlorür, Chloreisen). Das Eisen ist ein in Salzsäure sehr schwer aufzulösendes Metall.

Die Auflösung desselben kann nur unter Zutritt von Wärme stattfinden. Zu dem Ende bringt man ein starkes Glas- oder glasurtes Steingefäß auf ein trockenes heißes Sandbad, füllt das Gefäß mit einer beliebigen Menge käuflicher Salzsäure, welche eine Stärke von 22 Grad nach Beaumé's Säurenmesser zeigt, und läßt in derselben so viel reines, ungeröstetes Eisenblech oder Feilspäne auflösen, als dieselbe aufzulösen vermag. Die Flüssigkeit ist von gelbbräunlicher Farbe.

Das salzsaure Eisen findet vorzüglich für den Zeuchdruck zur Darstellung schwarzer und brauner Farben Anwendung.

3) **Salpetersaures Eisen** (salpetersaures Eisenoxyd). Das salpetersaure Eisen, eine für den Zeuchdruck sowohl, als auch für die Seiden- und Baumwollenfärberei wichtige Substanz, wird aus der Salpetersäure (Scheidewasser) durch Auflösen von Eisen in derselben dargestellt. Dasselbe ist im festen Zustande nicht zu bereiten (nicht zu krystallisiren).

Die Bereitung desselben muß mit Vorsicht und Aufmerksamkeit vollzogen werden, da sich bei derselben bedeutende Wärme entwickelt und leicht anstatt eines brauchbaren salpetersauren Eisenoxyds ein unbrauchbares Eisenoxydul dargestellt wird.

Die Darstellung desselben wird folgendermaßen vollzogen.

Man bringt in einen glasurten Steintopf eine beliebige Menge Salpetersäure (Scheidewasser), welche mit reinem kalten Wasser bis zu der Stärke von 18 Grad nach Beaumé's Säurenmesser verdünnt ist, und läßt in dieser Flüssigkeit nach und nach in kleinen Theilen so viel blankes reines Eisenblech oder Feilspäne auflösen, als dieselbe aufzulösen vermag, welches man daran erkennt, daß dieselbe eine dunkelbraune Farbe angenommen hat, keinen merklich salpetersauren Geruch zeigt und ein über dieselbe gehaltenes Stück Lackmuspapier nicht entfärbt.

Die Bereitung muß sehr langsam, in freier Luft oder unter einer Feueresse vollzogen werden.

Das dazu in Verwendung gebrachte Eisen darf von der Luft nicht mit Rost angelaufen (oxydirt) sein.

4) **Salpeterschwefelsaures Eisen.** Die Darstellung desselben geschieht ebenso, wie die des salpetersauren Eisens, nur daß man anstatt des reinen Eisens schwefelsaures Eisen (Eisenvitriol, Kupferwasser) verwendet. Für 1 Pfund der gemischten Säureflüssigkeit werden, um dieselbe vollkommen darzustellen, $2\frac{1}{2}$ bis 3 ℳ. Eisenvitriol in Anwendung gebracht.

Für den Zeuchdruck, sowie in der Seiden- und Baumwollenfärberei findet dasselbe zur Darstellung der schwarzen und kaliblauen Farben vortheilhafte Verwendung.

5) **Cyan-Eisen** (Blutlaugensalz, blausaures Kali, Berliner Blau, rothes Blutlaugensalz). Das Blutlaugensalz wurde im Jahre 1710 von Diesbach in Berlin entdeckt und fand in Verbindung mit Eisen zur Darstellung einer schönen blauen Farbe, welche

noch jetzt unter dem Namen Berliner Blau bekannt ist, vorzüglich in der Malerei Verwendung.

Im Großen wird jetzt das Blutlaugensalz (blausaures Kali) folgendermaßen dargestellt.

Stickstoffhaltige thierische Substanzen, als Blut, Horn, Klauen, altes Leder, werden in einem eigens dazu eingerichteten Ofen mit Pottasche geglüht und das so gebildete Cyankalium mit reinem Wasser ausgelaugt, wodurch man die Blutlauge gewinnt. Diese Blutlauge wird mit in Wasser gelöstem Eisenvitriol und Alaun vermischt und der schmutzigblaue Niederschlag so lange mit reinem Wasser ausgewaschen, bis er sich rein blau zeigt; dann wird derselbe an der Luft getrocknet und als Berliner Blau (fälschlich Pariser Blau) in den Handel gebracht.

Die geringen Sorten von Berliner Blau sind oft mit Thonerden gemischt (gefälscht).

Das blausaure Kali (blausaures Eisenkali, Blutlaugensalz) wird folgendermaßen dargestellt.

Das nach dem bekannten Verfahren dargestellte Berliner Blau wird in einem eisernen Kessel mit kaustischer Lauge gekocht, dadurch verliert es seine blaue Farbe und wird in Eisenoxydhydrat umgewandelt, worauf sich eine gelbe Auflösung bildet, welche abgedunstet und hierauf zum Krystallisiren gebracht wird. Die Krystalle sind von citronengelber Farbe, welche als blausaures Kali in den Handel gebracht und zur Darstellung schöner blauer Farben sowohl für den Zeuchdruck, als auch in der gesammten Färberei Verwendung finden.

Das rothe Blutlaugensalz, auch doppeltes blausaures Kali genannt, ist eine Verbindung des blausauren Kali mit Chlor, und wird auf folgende Weise dargestellt.

Man leitet in eine in reinem Wasser vollzogene Lösung von blausaurem Kali Chlorgas, wodurch dasselbe in Cyanid umgeändert wird, und es schießen nach dem Abdunsten der Flüssigkeit rothe, glänzende Krystalle an.

Das rothe Blutlaugensalz findet in Verbindung mit anderen Salzen und Säuren im Zeuchdruck und der gesammten Färberei zur Darstellung schöner blauer Farben, vorzüglich für den erstern Zweck und der Schafwollenfärberei, vortheilhafte Anwendung.

Dasselbe bietet dem fortschreitenden Chemiker und praktischen Zeuchdrucker und Färber noch ein großes Feld zur Ausbeutung dieser für Europa wichtigen Substanz dar. Es kann vielleicht die Zeit nicht fern liegen, daß der theure ausländische Indigo zur Darstellung der blauen Farben zu entbehren ist, denn in der Neuzeit werden mit ersterem auf schafwollene und seidene Stoffe sehr dauerhafte blaue Farben, die sich gegen Luft und mäßige Laugensalze ganz gut bewähren, erzeugt.

Ein unter dem Namen Kaliblau-Pulver vorkommendes chemisches Product von gelbgrünlicher Farbe und in Pulverform, ist eine Zusammensetzung von rothem Blutlaugensalz, Weinstein und Zuckersäure, und findet sowohl im Zeuchdruck, wie auch vorzüglich in der Schafwollenfärberei zur Darstellung blauer Farben zweckmäßige Verwendung.

Essigsaures Eisen (essigsaures Eisenoxyd). Holzessigsaures Eisen.

Das essigsaure Eisen bildet für den Zeuchdruck baumwollener und leinener Stoffe eine wichtige Substanz zur Darstellung schwarzer und in Verbindung mit essigsaurer Thonerde brauner und Violetfarben. Die Bereitung desselben wird oft aber so unvollkommen vollzogen, daß anstatt eines brauchbaren essigsauren Eisenoxyds ein für den Zeuchdruck unbrauchbares essigsaures Eisenoxydul erzeugt wird.

Um ein für alle Zwecke brauchbares essigsaures Eisen zu gewinnen, ist folgendermaßen zu verfahren.

Man reinigt mittelst einer Bürste geschmiedete alte Eisenbleche (kein Gußeisen) in reinem Wasser von dem anhängenden Schmutz, bringt darauf dieselben an die Luft und benäßt sie mit einer aus Essig und Wasser gemischten Flüssigkeit. Nach Zeit von einigen Tagen hat sich das Eisen mit Rost überzogen (oxydirt). Man bringt dasselbe hierauf in ein Faß, welches etwas unter der Mitte desselben mit einem hölzernen Krahn versehen ist, schüttet über dasselbe einen nach dem bekannten Verfahren erzeugten Essig und läßt diese Säureflüssigkeit 8 Tage lang stehen, zieht es alsdann alle 3 bis 4 Tage von der Flüssigkeit ab, damit es der Luft ausgesetzt wird, und gießt letztere wiederum auf das Eisen. Nach Verlauf von 3 bis 4 Wochen, nachdem man das Verfahren wiederholt, bildet die Flüssigkeit eine gelbröthliche Farbe von einem eigenthümlichen Essiggeruch, die eine Stärke von 5 bis 6 Grad nach Beaumé's Säurenmesser zeigen muß.

In diesem Zustande und in der vorgedachten Stärke ist das essigsaure Eisen in jedem Verhältniß mit reinem Wasser oder jeder anderen Säuresubstanz zu vermischen und so anzuwenden.

Dieselbe hat das Eigenthümliche, daß sie niemals in der Stärke, sondern in der Flüssigkeit abnimmt, daher bis auf den letzten Tropfen zu gebrauchen ist.

Wird im Großen gearbeitet, so ist es ohne erklecklichen Kostenaufwand sehr zweckmäßig, mehrere Fässer mit essigsaurem Eisen anzusetzen.

Das holzessigsaure Eisen wird nach demselben Verfahren bereitet, nur daß man, anstatt des Getreideessigs, holzsauren Essig in Anwendung bringt. Derselbe enthält zwar statt der reinen Essigsäure etwas brenzliche Holzsäure, erzeugt jedoch für den schwarzen Grund in den Baumwollenstoffen volle schwarze Farben.

Das holzsaure Eisen wird im Großen vorzüglich billig dargestellt und ist daher von chemischen Fabriken vortheilhaft und wohlfeil zu beziehen. Dasselbe zeigt sich in 8 bis 9 Grad Stärke nach Beaumé's Säurenmesser und kann daher mit reinem Wasser zu 5 bis 6 Grad zum Gebrauch verdünnt werden.

Kupfer (Kupfervitriol oder Blaustein, Grünspan, krystallisirter Grünspan).

Das Kupfer, ein bekanntes Metall, kommt selten in der Natur im reinen Zustande oder gediegen vor; am häufigsten als Erz mit Schwefelkupfereisen (Kupferkies) vermischt, wovon Südamerika in der Neuzeit große Massen namentlich nach Hamburg sendet, welche daselbst zu reinem Kupfer dargestellt werden. Die Gewinnung des reinen Kupfers wird dadurch vollzogen, daß man den Kupferkies an der Luft verwittern oder durch Kunst rösten läßt und denselben mit Quarz (grobem Sand) zusammenschmilzt, wodurch sich das in dem Erz enthaltene Eisen mit dem Quarz zu Schlacken bildet, welche aber ohne Werth sind. Der durch dieses Verfahren erzeugte Kupferstein wird nochmals geröstet und mittelst Holzkohle und Quarz geschmolzen, wodurch sich ein noch unreines Kupfer (Schwarzkupfer) darstellt.

Dasselbe wird dann vor einem Gebläse mit Holzkohlenfeuer einer nochmaligen Reinigung unterworfen, wodurch sich erst das Kupfer als rein darstellt und dann in den Handel gebracht wird.

Das reine Kupfer muß von hellrothbrauner Farbe, im Bruch stark glänzend und sehr dehnbar sein. Enthält dasselbe Eisentheile, so zeigt sich die Farbe desselben dunkelbräunlich, woran man namentlich das schwedische Kupfer erkennt.

Ein eisenhaltiges Kupfer ist eben so wenig für Geräthschaften, namentlich für Farbkessel 2c., wie zur Darstellung chemischer Producte brauchbar.

Das reine Kupfer bildet in Verbindung mit Salzen und Säuren für den Zeuchdruck und die Färberei sehr wichtige Producte, namentlich:

1) **Kupfervitriol**, gewöhnlich Blaustein, Cyprischer Vitriol genannt (schwefelsaures Kupferoxyd).

Er entsteht durch Auflösen des reinen Kupfers in heißer Schwefelsäure, sowie durch Abdunsten und Krystallisiren der Flüssigkeit.

Im Großen wird derselbe jedoch durch Rösten schwefelkupferhaltiger Erze, durch Auslaugen derselben und Krystallisiren der Flüssigkeit gewonnen, welches jetzt in Hamburg aus dem geringen peruanischen Kupfererz mit Vortheil vollzogen wird.

Der Kupfervitriol (Blaustein) muß in nicht zu feuchtem Zustande, von schöner lasurblauer Farbe, sowie in glänzenden Krystallen erscheinen. Ein Kupfervitriol, dessen Farbe grünlich ist, enthält Eisentheile.

Derselbe verliert nach längerem Aufbewahren sein eigenthümliches Krystallwasser, überzieht sich mit einem weißen Staub und zerfällt zuletzt zu einem weißen Pulver. Man muß ihn daher vor dem Zutritt der Luft bewahren.

Derselbe findet im Zeuchdruck, sowie in allen Zweigen der Färberei Verwendung.

Unter **Salzburger Vitriol** versteht man eine Mischung von Kupfer- und Eisenvitriol. Die Güte desselben beruht darauf, daß er viel Kupfervitriol enthält, welches an der weniger gelb- oder blaugrünen Farbe desselben leicht zu erkennen ist.

Es ist jedoch sicherer und vortheilhafter, sich denselben aus 1 Theil Kupfervitriol und 3 Theilen Eisenvitriol darzustellen.

Dieser Vitriol findet nur in der Schafwollenfärberei zur Darstellung schwarzer Farben Anwendung.

2) **Salpetersaures Kupfer** (salpetersaures Kupferoxyd). Die Darstellung desselben geschieht durch Auflösen des reinen Kupfers in Blechform oder der Kupferfeilspäne, und wird wie folgt vollzogen.

Man bringt in ein starkes Glas- oder glasurtes Steingefäß mit reinem kalten Wasser verdünnte Salpetersäure (Scheidewasser) von 20 Grad Stärke nach Beaumé's Säurenmesser und läßt in dieser Säureflüssigkeit in kleinen Portionen nach und nach so viel Kupfer auflösen, als dieselbe aufzulösen vermag. Die Flüssigkeit ist von saphirblauer Farbe und kann in diesem Zustande im Zeuchdruck Verwendung finden.

Um diese Flüssigkeit im festen (concreten) Zustande darzustellen, wird sie abgedampft und zur Krystallisation gebracht. Die Krystalle sind ebenfalls von saphirblauer Farbe, zerfließen jedoch leicht an der Luft.

3) **Salzsaures Kupfer** (Kupferchlorid). Die Darstellung desselben wird auf folgende Weise vollzogen.

Man bringt in ein starkes Glas- oder glasurtes Steingefäß eine beliebige Menge Salzsäure von 22 Grad Stärke nach Beaumé's Säurenmesser und läßt in dieser Säureflüssigkeit nach und nach in kleinen Portionen so viel reines Kupfer in Blechform oder Feilspäne von Kupfer auflösen, als dieselbe aufzulösen vermag. Die Flüssigkeit zeigt eine smaragdgrüne Farbe und kann in diesem Zustande für den Zeuchdruck Verwendung finden.

Dieselbe läßt sich auch durch Abdampfen krystallisiren.

4) **Grünspan** (essigsaures Kupferoxyd). Die Gewinnung desselben wird vorzüglich im südlichen Frankreich, namentlich in Montpellier, im Großen folgendermaßen betrieben.

Man schichtet dünne Kupferbleche mit Weintrebern in ein Gefäß; durch die Gährung der Weintrebern entsteht Essigsäure, die sich mit einem Theil des Kupferoxyds verbindet und nach einigen Wochen auf den Kupferblechen eine blaugrünliche Masse bildet, welche mit einem hölzernen Messer abgenommen wird und den Grünspan darstellt. Nach dieser Procedur müssen die Kupferbleche wieder angefeuchtet werden, und das Verfahren wird fortgesetzt, bis dieselben völlig gelöst sind.

Der in Montpellier bereitete Grünspan kommt in ungefähr 30 Pfund schweren, in Leder verpackten Broden von blaugrüner Farbe im trockenen Zustande im Handel vor.

Auch bereitet man in der Neuzeit in Bordeaux Grünspan; derselbe ist gewöhnlich in $1^1/_2$ bis 2 Pfund schwere Kugeln geformt, die sich meistens in feuchtem Zustande befinden. Die Güte desselben ist jedoch geringer.

5) **Krystallisirter Grünspan** wird aus dem gewöhnlichen Grünspan durch Lösen desselben in Essigsäure, sowie durch Abdunsten und Krystallisiren dieser Flüssigkeit dargestellt. Dieselbe bildet schön dunkelgrüne Krystalle.

6) **Arsenigsaures Kupfer** bildet die schönste grüne Farbe, namentlich zum Bedrucken baumwollener und leinener Stoffe. Die Darstellung desselben wird vollzogen, daß man eine Kupfervitriol= lösung mit arsenigsaurem Kali niederschlägt (fällt). Der erzeugte grüne Niederschlag kann als solcher zur Zeuchdruckerei in Anwendung gebracht werden.

Die Kupferlösungen sind sämmtlich giftig.

Blei (essigsaures, salpetersaures und chromsaures Blei).

Das **Blei** kommt im natürlichen Zustande nicht häufig vor, meist als Schwefelblei in Erzen, oft mit Silber und Gold verbunden.

Die Gewinnung des reinen Bleies wird dadurch vollzogen, daß man den Bleiglanz röstet und mit Kohle und Kalkzuschlag zusammen= schmilzt; das Product ist das Werkblei.

Das gold= und silberhaltige Werkblei wird auf Treibherden oxydirt, wobei Gold und Silber zurückbleiben. Das abgeflossene Blei= oxyd wird durch Schmelzen mit Kohle geglüht.

Auch wird ungerösteter Bleiglanz in Schachtöfen mit Eisen geschmolzen, wodurch Blei, Schwefeleisen und Schlacke entstehen.

Es ist ein blaugraues, stark glänzendes Metall, läßt sich in Sal= petersäure und Essig vollkommen, jedoch in Schwefelsäure nicht auflösen; daher kann das schwefelsaure Blei nur bei Bereitung der essigsauren Thonerde als Niederschlag gewonnen werden.

Die **Blei= oder Silberglätte** wird beim Reinigen der schwefel= bleihaltigen Erze als Nebenproduct im Großen gewonnen; es ist ein schweres, blaßgelb=röthliches Pulver (Massicot) und findet im Zeuch= druck und der Baumwollenfärberei vortheilhafte Verwendung.

Das Blei bildet in allen seinen Zuständen in Verbindung mit Säuren und Salzen für den Zeuchdruck, der Färberei und für viele andere Künste und Gewerbe ein wichtiges chemisches Product, namentlich:

1) **Als Bleizucker** (essigsaures Blei [Sacharum Saturni]). Die Darstellung des Bleizuckers geschieht, daß man einen nach bekanntem Verfahren bereiteten Getreide- oder Holzessig in beliebigem Quantum in einen von Blei gefertigten Kessel bringt, die Flüssigkeit erhitzt und derselben so viel Blei- oder Silberglätte hinzusetzt, als dieselbe aufzulösen vermag, worauf dann die Flüssigkeit abgedunstet und möglichst kalt der Krystallisation ausgesetzt wird.

Der Bleizucker bildet weiße, glänzende Krystalle von süßem, zusammenziehendem Geschmack; der von Holzessig erzeugte Bleizucker erscheint gelblicher, welches jedoch die Güte desselben durchaus nicht benachtheiligt.

Derselbe findet in dem Zeuchdruck und der Färberei vorzüglich zur Bereitung der bekannten essigsauren Thonerde Verwendung und ist sehr giftig. Leider wird derselbe auch zur Weinfälschung, um nämlich einem jungen, geringen Wein einen angenehmen Geschmack zu ertheilen, verwendet.

2) **Als salpetersaures Blei** (salpetersaures Bleioxyd). Dieses Product wird durch Auflösen von Bleiglätte in Salpetersäure (Scheidewasser) bis zur völligen Sättigung derselben gebildet, wodurch sich dasselbe in weißen, undurchsichtigen Krystallen darstellt.

Der Geschmack desselben ist süßlich, kühlend und findet nur im Zeuchdruck Verwendung.

3) **Als chromsaures Blei.** Dasselbe wird durch eine Lösung von Bleizucker in reinem warmen Wasser und durch nachherigen Zusatz von chromsaurem Kali dargestellt, wodurch ein gelber Niederschlag entsteht, den man auf dem Filtrum mit reinem Wasser auswäscht und in Gestalt eines Teiges aufbewahrt.

Das chromsaure Blei findet im Zeuchdruck, jedoch nur selten für gelbe Tafeldruckfarben Verwendung.

Zinn. Salpetersaures Zinn. Chlorzinn. Zinnsalz. Schwefelsalzsaures Zinn.

Das Zinn, ein für viele Künste und Gewerbe, namentlich für die Färberei und den Zeuchdruck wichtiges Metall, kommt in der Natur selten gediegen (rein) vor; dasselbe wird meistens aus dem Zinnerz (Zinnstein), welches oft mit Schwefel, Blei, Arsenik und Eisen verbunden ist, folgendermaßen gewonnen.

Der zerkleinerte, durch Waschen und Rösten von fremden Erzen befreite Zinnstein wird in Flammöfen mit Kohle und Quarz geschmolzen und das erhaltene noch unreine Zinn durch gelindes Umschmelzen als reines Zinn dargestellt.

Im reinen Zustande ist dasselbe fast silberweiß, stark glänzend, knistert beim Biegen und muß, in reiner Salzsäure aufgelöst, keinen merklichen schwärzlichen Bodensatz zeigen.

Das reinste Zinn ist das chinesische, welches jedoch jetzt selten im Handel vorkommt. Diesem folgt das Malakka- und englische Lammzinn (mit einem Lamm gezeichnet), das gewöhnliche Block- oder sächsische und böhmische Zinn, worunter das Schlackenwalder sich durch Reinheit besonders auszeichnet.

Das in der Neuzeit in den Handel gebrachte Peruanische Zinn enthält Eisen und Kupfertheile und ist zu chemischen Producten für die Färberei unbrauchbar; es kommt in 50 bis 60 Pfund schweren Blöcken vor.

Das reine Zinn, in verschiedenen Säuren aufgelöst, bildet für den Zeuchdruck und die gesammte Färberei äußerst wichtige Substanzen, namentlich:

1) Salzsaures Zinn (salzsaure Zinnauflösung). Die Bereitung desselben wird vollzogen, daß man in 1 *Ꝑ.* käuflicher, reiner Salzsäure von 22 Grad Stärke nach Beaumé's Säurenmesser 5 *Lth.* reines Zinn im gedrehten oder geschmolzenen Zustande kalt auflösen läßt. Diese Auflösung erscheint wasserklar und ist niemals dem Verderben unterworfen. Dasselbe findet in allen Zweigen der Färberei vortheilhafte Verwendung.

2) Schwefelsalzsaures Zinn (schwefelsalzsaure Zinnauflösung). Diese wird dargestellt, daß man in 1 *Ꝑ.* reine Salzsäure 5 *Lth.* reines Zinn bringt und nach Zeit von einigen Stunden der Säureflüssigkeit nach und nach in Portionen von 2 bis 3 *Lth.* ³/₄ *Ꝑ.* Schwefelsäure (englisches Vitriolöl) vorsichtig hinzusetzt. Die Auflösung erscheint wasserklar und ist dem Verderben nicht unterworfen. Dieselbe findet für den Zeuchdruck und die gesammte Färberei Verwendung. Die Bereitung dieser Zinnauflösungen kann dadurch schneller vollzogen werden, daß man dieselben in einem trockenen heißen Sandbade vollzieht.

3) Salpetersalzsaures Zinn (salpetersalzsaure Zinnauflösung). Diese Zinnauflösung ist unter dem Namen Scharlachcom-

position bekannt, und die älteste, die seit Entdeckung der rothen Farbe (Scharlach) aus Cochenille Verwendung fand. Die Bereitung derselben geschah früher und auch deshalb noch jetzt so unvollkommen, weil dieselbe auf keinem chemischen Grundsatz beruhte. Die reine Salpetersäure, allein angewandt, löst das Zinn unvollkommen auf; man setzte daher ein beliebiges Salz, als Salmiak, Kochsalz ꝛc., nach Gutdünken hinzu, wodurch das Königswasser (Aqua Regis) gebildet ward, welches Gold vollkommen, und ebenso auch Zinn auflöst. Eine zweckmäßige salpetersalzsaure Zinnauflösung ist folgendermaßen darzustellen.

Man bringt in ein starkes Glas- oder glasurtes Steingefäß 1 ll. **Salpetersäure** (Scheidewasser) von 36 Grad Stärke nach Beaumé's Säurenmesser, setzt derselben 1 ll. reines kaltes **Wasser** und 4 Lth. **Salzsäure** von 22 Grad Stärke nach Beaumé's Säurenmesser hinzu und läßt in dieser Säureflüssigkeit in kleinen Portionen von $1/_2$ Loth bis 5 Loth reines Zinn in gedrehtem oder geschmolzenem Zustande auflösen. Die Auflösung des Zinns muß aus dem Grunde nur langsam vollzogen werden, weil sich bei dieser Operation Wärmestoff entwickelt, und wenn dies zu schnell vollzogen wird, ein unbrauchbares Zinnoxydul in trübem, oft gallertartigem Zustande erzeugt werden würde.

Die nach obigem Verfahren dargestellte salpetersalzsaure Zinnauflösung ist von weingelber Farbe. Dieselbe sollte man jedoch nicht im Großen bereiten, da sie, vorzüglich an einem warmen Orte aufbewahrt, gänzlich unbrauchbar wird. Sie ist daher auch durch die Anwendung des salzsauren Zinns vielfach verdrängt worden.

4) **Zinnsalz** (Zinnchlorür) wird im Großen durch Auflösen des reinen Zinns in Salzsäure und durch Krystallisiren der Flüssigkeit erzeugt. Es bildet weiße, nadelförmige Krystalle, die an der Luft einen gelblichen Schein annehmen. In reinem Wasser gelöst, trübt sich die Flüssigkeit mit einem weißen Niederschlag, welches bei vielen Farboperationen oft nachtheilig ist. Dies zu verhüten, hat man der Zinnsalzauflösung nur etwas gewöhnliche Salzsäure hinzuzusetzen. Das Zinnsalz findet im Zeuchdruck sowohl wie in allen Zweigen der Färberei die vortheilhafteste Verwendung.

5) **Chlorzinn** (Zinnchlorid). Dieses Product wird dadurch dargestellt, daß man in eine flüssige Zinnsalzlösung nach bekanntem Verfahren Chlorgas leitet, bis dasselbe vollkommen gesättigt ist, welches man daran erkennt, daß kein Aufbrausen in der Flüssigkeit

mehr entsteht. Dieses erzeugte flüssige Chlorzinn muß in gut verschlossenen Glas- oder Steinflaschen aufbewahrt werden.

Um festes (concretes) Chlorzinn darzustellen, wird die Chlorzinnflüssigkeit langsam eingedampft; man läßt sie deshalb schnell erkalten, wodurch sie zu festem Chlorzinn erstarrt. Es bildet eine weiße, feste Masse, die aus der Luft leicht Feuchtigkeit anzieht. Dasselbe findet vorzüglich im Zeuchdruck geeignete Verwendung.

6) **Pinksalz**, englisches (deutsches Nelkenrothsalz), wird aus Chlorzinn und Salmiak dargestellt. Es bildet ein weißes Pulver von eigenthümlichem Chlorgeruch. Zuerst in England bereitet, wird dasselbe jetzt in deutschen chemischen Fabriken eben so gut als dort erzeugt. Dasselbe findet im Zeuchdruck für baumwollene und leinene Stoffe als Beize (Freßbeize) Verwendung.

Wegen seiner Unschädlichkeit und schwierigen Oxydirbarkeit dient das Zinn ferner zur Darstellung von Farbkesseln, um in solchen schöne glänzende Farben, namentlich Scharlach, Rosenroth, Gelb und Kaliblau zu erzeugen. Zu diesem Behuf muß dasselbe ebenfalls von Kupfer und Eisentheilen rein sein.

Zink. Zink-Vitriol. Chlorzink.

Das **Zink** ist seit hundert Jahren völlig bekannt und wird im Großen vorzüglich in Schlesien durch Destillation des gerösteten Galmei's gewonnen. Es ist ein blauweißes, glänzendes Metall, unter starken Hammerschlägen zerspringend, unter Wärme ist dasselbe geschmeidig und läßt sich bei vorsichtigem Druck zu Blech auswalzen und zu Draht ziehen. Die Verbindung des Zinks mit Säuren erzeugt folgende Producte:

1) **Zinkvitriol** (schwefelsaures Zinkoxyd, weißer Vitriol). Derselbe entsteht durch Auflösung des Zinks in mit Wasser verdünnter Schwefelsäure und wird im Großen durch Rösten und Auslaugen galmeihaltiger Erze gewonnen. Der Zinkvitriol bildet weiße Krystalle, die an der Luft verwittern und zu Pulver zerfallen. In der Zeuchdruckerei und Färberei findet er jetzt wenig Anwendung mehr.

2) **Chlorzink**. Dieses unter dem Namen **Mordant** erst seit kurzer Zeit in England in Anwendung gebrachte chemische Product wird auf folgende Weise gut und vollkommen dargestellt.

Man bringt in einen glasurten Steintopf 1 *tt.* **Salzsäure** von 22 Grad Stärke nach Beaumé's Säurenmesser, setzt derselben 1 *tt.* reines kaltes Wasser und in kleinen Portionen 1 *tt.* **Schwefelsäure** (englisches Vitriolöl) hinzu und läßt in dieser Säureflüssigkeit nach und nach in Portionen von 1 Loth 12 *Lth.* **Zink** in Blechform auflösen. Den andern Tag klärt man die Flüssigkeit vom Bodensatz ab und bringt sie zum Zeuchdruck und Färben in Anwendung. Dieselbe ist dem Verderben nicht unterworfen.

Braunstein (Mangan). Chlorgas.

Der Braunstein (Mangan) kommt in der Natur nicht gediegen (rein) vor, sondern ist als Braunsteinerz mit anderen Säuren, als Arsenik und Schwefel, vermischt.

Derselbe wird dargestellt, daß man die Erze mit Kohlenpulver in starkem Gebläsefeuer schmilzt. Es ist ein grauweißes, wenig glänzendes, weiches, aber sprödes Metall, und wurde schon in den ältesten Zeiten zur Entfärbung des Glases angewendet. In der Zeuchdruckerei und Färberei findet derselbe zur Darstellung der orydirten Salzsäure (Bleichgas) zum Bleichen der baumwollenen und leinenen Gegenstände wichtige Verwendung.

Der Braunstein verbindet sich leicht mit Salzen und Säuren; von den aus demselben erzeugten chemischen Producten haben jedoch bis jetzt keine vortheilhafte Verwendung für die Färberei gefunden, als nur, wie bemerkt, zur Darstellung des Chlorgases zur Erzeugung der Bleichflüssigkeit, des Chlorkalks und des Chlorzinns ɔc.

An der Luft zieht der Braunstein leicht Sauerstoff an (orydirt) und nimmt eine schwarzbraune Farbe an; in diesem Zustande findet derselbe vorzügliche Verwendung.

Die Darstellung des Chlorgases geschieht auf folgende Weise.

Man bringt in einen Blei- oder starken Glaskolben 50 Berliner Quart (100 Pfund) reines kaltes Wasser, setzt der Flüssigkeit $2^1/_2$ *tt.* **Schwefelsäure** (englisches Vitriolöl) von 65 Grad Stärke nach Beaumé's Säurenmesser, welche mit $2^1/_2$ *tt.* reinem kalten Wasser verdünnt wird, sowie $1^1/_4$ *tt.* käuflichen **Braunstein** (Mangan) in gepulvertem Zustande und 4 *tt.* **Kochsalz** hinzu, rührt die Flüssigkeit mit einem Tannenholzstöckchen um und bringt das Gefäß auf ein trockenes heißes Sandbad, legt dann die zur Gasentwickelung und

Leitung nöthige Blei- oder Glasröhre an, verklebt dieselbe sorgfältig mit Thon und erhitzt den Sand, worauf sich das Chlorgas in der Säureflüssigkeit entwickelt und in jede beliebige Flüssigkeit oder chemischen Körper geleitet werden kann, um sich mit demselben zu verbinden und ihn zu sättigen. Die Entwickelung des Chlorgases hat aufgehört, sobald in der zu sättigenden Flüssigkeit keine Blasen mehr aufsteigen.

Dem Färber und Fabrikant Frederic Lavelle in Rouen in Frankreich haben wir diese eben gedachte wichtige Entdeckung zu danken, dessen nach diesem Verfahren dargestelltes Product zuerst in Verbindung mit Laugensalzen und Kalk zum Bleichen (Firbleichen) baumwollener und leinener Stoffe in Anwendung gebracht und Eau de Luvelle (Lavellwasser) genannt wurde.

Dem strebsamen Chemiker und dem fortschreitenden Zeuchdrucker und Färber ist es nun gelungen, das Chlorgas mit anderen Salzen und Metallen zu verbinden, und es bietet sich noch ein großes Feld dar, diese wichtige Substanz in den Künsten und Gewerben in immer vortheilhaftere Verwendung zu ziehen.

Chrom. Rothes chromsaures Kali.

Das rothe chromsaure Kali wird aus dem Chromeisenstein, einem Erz, welches sich vorzüglich reichlich in England und Norwegen, sowie in Schweden findet, künstlich erzeugt.

Der Chromeisenstein ist von stahlgrauer Farbe, sehr hart, spröde und schwer schmelzbar.

Um das chromsaure Kali darzustellen, wird derselbe im feingepulverten Zustande mit Zusatz von Salpeter und Pottasche geglüht (1 Theil Chromeisenstein, 1 Theil Salpeter und $^{1}/_{2}$ Theil Pottasche). Diese Masse wird hierauf ausgelaugt, mit Salpetersäure (Scheidewasser) zersetzt, filtrirt, abgedampft und dann zur Krystallisation gebracht. Das chromsaure Kali bildet feuerrothe, harte, glänzende Krystalle, die sich nach längerem Aufbewahren an der Luft mit einem gelblichen Staub überziehen, welcher demselben jedoch nicht nachtheilig ist.

Das rothe chromsaure Kali, als Farbe für sich zwar nicht brauchbar, findet in der Neuzeit in Verbindung mit Salzen und Säuren, wie auch mit Pigmenten im Zeuchdruck und allen Zweigen der Färberei die vortheilhafteste Verwendung. Dasselbe dient auch zur Darstellung der

Malerfarben. Mit Bleisalzen verbunden, bildet dasselbe gelbe, mit Laugensalzen Orange- und mit Schwefelsäure und Weingeist grüne Farben (Chromgrün).

Das gelbe Chrom-Kali kommt in schönen gelben Krystallen vor und hat eben so wenig für den Zeuchdruck, wie für die Färberei genügende Verwendung gefunden.

Arsenik. Arseniksäure. Arsenige Säure. Rothes Arsenik.

Der Arsenik kommt wenig gediegen in der Natur vor. Im Großen wird derselbe durch Destillation des Arsenikkieses, einer Verbindung von Schwefeleisen mit Arsenikeisen, gewonnen.

In seinem reinen Zustande ist er von hell bleigrauer Farbe, glänzend und spröde; bei gelindem Glühen verflüchtigt sich derselbe, ohne zu schmelzen, und sein Dampf riecht knoblauchartig. Er ist sehr giftig. Mit dem Sauerstoff bildet der Arsenik zwei Säuren:

1) Arsenige Säure wird dargestellt durch Auflösen von Arsenik in mäßigstarker Salpetersäure (Scheidewasser). Im Großen wird sie durch Rösten arsenikhaltiger Erze, besonders des Arsenikkobalts, gewonnen. Sie bildet ein grauweißes, schweres, mehlartiges Pulver und ist eins der ätzendsten Gifte (Arsenik).

Dadurch, daß man dieselbe nochmals reinigt, wird das sogenannte Arsenikglas dargestellt. Dieselbe ist nicht in kaltem, sondern nur in kochendem Wasser löslich und findet sowohl im Zeuchdruck, wie in der Baumwollenfärberei zur Darstellung der sogenannten giftgrünen Farben Verwendung.

2) Arseniksäure wird dadurch erzeugt, daß man Arsenik in heißer, 36 Grad nach Beaumé starker Salpetersäure löst. Sie bildet eine weiße, schwere Masse, die in kaltem Wasser leicht löslich ist, zerfließt an der Luft und ist sehr giftig. Dieselbe findet ebenfalls nur im Zeuchdruck und in der Baumwollenfärberei Verwendung.

Rother Arsenik (Auripigment, Schwefel-Arsenik) ist eine Verbindung des Schwefels mit Arsenik (Schwefelarsenik) und findet sich in arsenikschwefelhaltigen Erzen natürlich, wird im Großen durch Rösten und Sublimiren derselben gewonnen und bildet eine röthlichgelbe, harte, glänzende Masse, die im Wasser nicht, jedoch im Salmiak und Laugensalzen löslich ist. Wegen seiner großen Verwandtschaft zum Sauerstoff wurde derselbe zur Reduction des Indigo zur Darstellung der kalten Indigo-Küpe, jedoch zwecklos, angewendet. In der Glasfabrikation findet derselbe, namentlich in England, vielfach Verwendung.

Der gelbe Schwefelarsenik (Rauschgelb) wird im Großen durch Zusammenschmelzen von Schwefel und arseniger Säure dargestellt. Es ist ein schön citrongelbes Pulver, sehr giftig und findet im Zeuchdruck und der Färberei gar keine Verwendung.

Fünfte Abtheilung.

Von den thierischen Stoffen und deren chemischen Verbindungen, welche im Zeuchdruck, der Färberei und anderen Künsten und Gewerben Verwendung finden.

———

Die Stoffe, aus denen die Organe und Gewebe der Thierkörper bestehen oder aus denen sie erzeugt werden, sind sehr verschieden. In den lebenden Körpern sind sie theils in Auflösungen, theils im festen Zustande enthalten. Nur wenige dieser Stoffe kommen für sich in ungemengter Form vor.

In chemischer Hinsicht bieten dieselben die bedeutungsvolle Aufgabe dar, nachzuweisen, wie sie aus der Nahrung der Thiere unter dem Einfluß des aus der Luft zugeführten Sauerstoffs gebildet werden, worin die chemischen Vorgänge der Ernährung und des Wachsthums bestehen, welches auf viele thierische Körper einen großen Einfluß übt, namentlich bei Production der Schafwolle, der Seide ꝛc. Deßhalb sind folgende Thierstoffe für die technischen Künste und Gewerbe beachtenswerth, dieselben genau kennen zu lernen.

Schafwolle.

Die Wolle bildet die haarige Bedeckung der Haut des Schafes, eines Thieres, welches jetzt fast in allen bekannten Theilen der Erde, jedoch in sehr verschiedener Gattung, heimisch ist, daher auch die so verschiedene Güte der Wolle, da besonders Klima, Nahrungsstoffe, Pflege und Wartung desselben einen großen Einfluß üben. Die Wolle ist von der Natur mit einer bräunlichen Materie überzogen, welche man den Schweiß nennt; dieser besteht nach chemischer Untersuchung aus einer Kaliseife, aus kohlenstoffsaurem Kali und einer thierischen Substanz, welche derselben einen besonderen Geruch giebt. Diesen Schweiß muß die Wolle behalten, um sie ohne Gefahr aufzubewahren, da derselbe gewissermaßen einen Schutz gegen die Motten bildet. Im Allgemeinen haben die feinen Wollen mehr Schweiß, als die geringen; oft besteht derselbe aus zwei Drittheilen ihres Gewichts, deshalb muß man beim Ankauf der rohen Schafwolle mit Achtsamkeit verfahren, um einem oft bedeutenden Schaden vorzubeugen. Gedachter Schweiß muß von der Wolle entfernt werden, ehe man sie zum Färben als Garn- und Zeuchstoffe in Anwendung bringt, und man vollzieht dies am besten durch das Waschen in reinem warmen Wasser mit Zusatz von Seife oder Harn (Urin).

Man unterscheidet die Wolle in ein- oder zweischürige; erstere ist die feinste, entweder natürlich oder durch Veredelung erzeugt, und wird jährlich nur einmal geschoren; letztere wird jährlich zweimal geschoren und in Sommer- oder Winterwolle getheilt. Ebenso theilt man die Wolle wiederum in Tuch- und Kammwolle.

Die kurzen Wollen finden nur für Tuch und dergleichen Stoffe, die längeren zu Kammfabrikaten, als Merino rc., Verwendung. Locken nennt man die geringere Wolle, welche sich an einigen Theilen des Schafes, namentlich am Schwanz rc., befindet. Dieselbe wird von der guten Schurwolle abgesondert und als Locken verkauft. Die sogenannten Gerber- oder Sterblingswollen sind von geringerem Werth, als die von lebenden Thieren gewonnenen. Die Sterblingswolle färbt sich oft sehr schlecht, eben so die haarige, geringe Wolle (taubhaarige Wolle).

Es findet sich wohl kein Naturproduct, welches in so verschiedener Güte, als die Schafwolle erzeugt wird; deshalb gehört Erfahrung und Aufmerksamkeit dazu, um im Ankauf nicht übervortheilt zu werden. Die gewöhnlichen Benennungen der rohen Schafwolle sind hochfein, fein, mittelfein (Mittelschlag) und ordinär.

Um die Güte einer Wolle zu beurtheilen, muß man die Feinheit des Haars, das sanfte Anfühlen, die Elasticität und die möglichste Reinheit vom Schweiß beachten; Letzteres ist hauptsächlich beachtenswerth, da die Schafe wohl vor der Schur, aber nicht immer vollkommen von demselben gereinigt werden (Rückenwäsche).

In der Neuzeit kommen vielfach auch reingewaschene Wollen im Handel vor (Fabrikwäsche).

Die feinen Schafwollen wurden früher nur in Spanien erzeugt und als Merinowolle in den Handel gebracht. Durch die Vermischung des Merino-Schafes mit einer anderen Race ist die Veredelung der Wolle in anderen Ländern, namentlich in Sachsen, Schlesien ꝛc. entstanden und auf eine solche Höhe getrieben worden, daß die original-spanischen Wollen hinter derselben zurückstehen. Deßhalb finden die feinen sächsischen und schlesischen Wollen zur Fertigung feiner Tuchstoffe vorzügliche Verwendung. Die böhmischen, ungarischen, russischen, polnischen und mecklenburger feinen und mittelfeinen Wollen zeigen sich nicht in derselben Feinheit; letztere erzeugen für Tuchfabrikate keine vollkommen schöne Appretur, und das Haar dieser Wollen scheint etwas spröde.

Die in der Neuzeit in großer Menge in den Handel gebrachten überseeischen Schafwollen sind in Feinheit und Güte sehr verschieden, denn es ist nicht immer der Fall, daß eine im natürlichen Zustande sich fein zeigende Wolle auch ein gutes Fabrikat liefert. Diese Art Wollen haben den Fabrikanten oft getäuscht, denn meist zeigen dieselben nach der Wäsche eine geringere Güte.

Australien (Süd-Indien) erzeugt jetzt große Massen feiner und mittelfeiner Wollen, die namentlich von Melbourne, Port Philipp und Sidney nach England ausgeführt und in London in Auctionen versteigert werden. Dieselben stehen den feinen europäischen Wollen ebenfalls an Güte nach und finden nur in England und Frankreich die meiste Verwendung.

Die Cap-Wolle, eine ziemlich brauchbare feine Wolle, hat jedoch den Nachtheil, daß dieselbe oft mit kleinen Disteln verunreinigt ist, welche schwer aus derselben zu entfernen sind. Die zum Zweck der Reinigung hiervon in England erfundene Maschine hat ihren Zweck nicht erfüllt.

Die peruanische Schafwolle ist eine sehr betrügliche Wollsorte. Im natürlichen Zustande zeigt sich dieselbe fein im Haar, weich, elastisch, jedoch nach dem Reinigen (Waschen) derselben ergiebt sich oft ein nachtheiliges Resultat, zeigt in vielen Fällen eine Gewichtsverminderung von oft 40 Procent, sowie taubes Haar (Kreidehaar), welches sich schlecht spinnt und färbt.

Die in den Handel gebrachten südamerikanischen Schafwollen sind meistens geringe Stammwollen und eignen sich, da sie lang und kräftig sind, nur für geringe Kammgarne und dergleichen Zeuchstoffe. Diese Wollen sind ebenfalls vielfach mit Disteln verunreinigt und werden von Rio-Grande, Montevideo, Buenos-Ayres jetzt größtentheils nach England, wenig aber nach Deutschland ausgeführt.

Im Allgemeinen sind die überseeischen Schafwollen mit Sterblingswollen vermischt; der niedrige Preis derselben lockt zwar die Käufer an, jedoch kann nur eine von lebendigen Thieren gewonnene Wolle ein schönes, dauerhaftes Fabrikat erzeugen.

Frankreich und England erzeugen wenig Schafwolle und müssen ihren Bedarf größtentheils vom Auslande beziehen.

Die dänischen oder jütländischen Wollen sind von geringer Güte, jedoch sehr rein vom Schweiß, kommen aber jetzt selten im Handel vor.

Die holsteinische Wolle, gewöhnlich Eiderwolle genannt, ist eine ausgezeichnet schöne Stammwolle; dieselbe eignet sich vorzüglich für Kammgarn. Sie wird meistens von Husum und Tönning aus in den Handel gebracht.

Die hannöversche Haide- und isländische Schafwolle ist die geringste aller Wollen. Von ersterer wird die Sommerwolle zur Fabrikation geringer Filzhüte vielfach verwendet.

In der Neuzeit wird die Schafwolle auch künstlich dargestellt (Kunstwolle). Man sehe das 20. Bändchen meiner Schriften, welches ebenfalls bei dem Herrn Verleger gegenwärtiger Schrift erschienen und zu haben ist.

Seide.

Die Seide ist ein bekanntes Naturproduct und wird von dem Seidenwurm, wenn er sich in eine Schaale (Cocon) einschließt (einspinnt) und sich in eine Larve verwandeln (verpuppen) will, erzeugt. Das Cocon hat die Gestalt eines etwa zwei Zoll langen Eies; die Länge des in demselben enthaltenen Seidenfadens beträgt oft über 50 Berliner Ellen. Der auf diese Weise erzeugte Seidenfaden wird aus dem Cocon künstlich abgewickelt, in Strähne gebracht und kommt so als Rohseide in den Handel.

In diesem ihrem natürlichen Zustande ist dieselbe mit einem gelben, gummiartigen Schleim überzogen, der oft über 30 Procent ihres Gewichts beträgt und von derselben entfernt werden muß. Dies geschieht am besten durch Auskochen (Entschälen der Seide in Seifenflüssigkeit).

Das hierdurch gewonnene Product wird dann unter dem Namen Tram- und Organsin-Seide in weißem oder gefärbtem Zustande zu vielen Luxusgegenständen verwendet.

Die bekannte Nähseide ist eine gezwirnte (doublirte) Seide, und Flockseide ist die geringe Seide, welche aus dem Seidenabfall künstlich dargestellt wird.

Die im Handel vorkommende Seide ist ebenso, wie die Schafwolle, an Güte sehr verschieden, wozu Klima, Nahrungsstoff, aufmerksame Pflege und Wartung des Seidenwurmes viel beitragen. Den Hauptnahrungsstoff des Seidenwurmes liefern die Blätter des Maulbeerbaumes, derselbe gedeiht aber nur in einem warmen, jedoch nicht zu heißen Klima. Folgende Länder erzeugen die beste Seide, jedoch ebenfalls in verschiedener Güte.

Italien, welches vermöge seines Klima's die Seide in großer Menge und ausgezeichneter Güte zu erzeugen im Stande ist, liefert die beste Sorte Seide, die gewöhnlich unter dem Namen Mailänder (Milano-) Seide in den Handel kommt, und alle anderen Seidengattungen an Güte übertrifft.

Die in Süd-Tirol erzeugten Seidengattungen stehen den italienischen an Schönheit und Glanz bedeutend nach.

Ostindien liefert zwar ungeheure Massen von Seide, aber keine der dort erzeugten Seidengattungen halten gegen die europäische hinsichtlich der Zartheit und des Glanzes einen Vergleich aus; überhaupt haben dieselben einen bastartigen Angriff und nur geringen Glanz. Die dort erzeugte Seide wird im rohen Zustande wenig in den Handel gebracht, meistens im Lande selbst zu Zeuchen, namentlich zu Taschentüchern (Bandana's, Foulards) verwebt und in solchem Zustande nach Europa gesandt und in Zeuchdruckereien bedruckt.

Frankreich und Piemont liefern wenig und nur geringe Seide.

China und Persien liefern große Massen Seide, die von vorzüglicher Güte ist, von welcher jedoch sehr wenig nach Europa in den Handel kommt und meist an Ort und Stelle zu Luxusgegenständen verarbeitet (verwebt) wird.

Der Ankauf der Rohseide kann, wenn man auch mit Kenntniß und Aufmerksamkeit verfährt, dennoch Nachtheile herbeiführen, da sich dem Aeußern nach niemals fest bestimmen läßt, mit wieviel Gummistoff die Seidenfaser (Seide) überzogen ist. Dies läßt sich nur erst nach dem Auskochen (Abkochen) derselben in Seifenflüssigkeit ermitteln, wozu man zu 1 Pfund Rohseide 8 Loth Marseiller Seife in Anwendung zu bringen hat.

Zum Färben und Bedrucken zeigt die Seide fast dieselbe Eigenschaft, die Pigmente (Farbestoffe) anzuziehen, als die Schaafwolle, nur daß man dieselbe in fast allen Fällen nicht kochendheiß behandeln darf.

Beim Färben der Tram-, Organsin- und Nähseide wird kein Verlust an der Rohseide, sondern im Allgemeinen in den schwarzen, dunkelbraunen Farben ein sogenanntes Uebergewicht verlangt. Dies wird durch die Seide beschwerende Substanzen, namentlich durch Galläpfel, Catechu, Bleiöl 2c., bezweckt.

Cochenille.

Die Cochenille ist ein unserer Baum- oder Schildlaus ähnliches Insect und ursprünglich in Mexiko zu Hause, jetzt jedoch auch in Java, Honduras, Teneriffa 2c. verbreitet, wodurch sich der Preis so niedrig gestellt hat.

Das Cochenille-Insect wird jetzt sorgfältig auf dem Opuntia-Strauch erzogen. Die Vermehrung desselben ist ungeheuer. Zu einer gewissen Jahreszeit wird dasselbe gesammelt, im Wasser oder Schwefeldampf getödtet, getrocknet und so in den Handel gebracht. Ob die Cochenille von röthlicher, schwärzlicher oder silbergrauer Farbe ist, hat auf das färbende Pigment keinen Einfluß. Man hat nur dahin zu trachten, daß man eine Cochenille von möglichst großem Korn und in staubfreiem Zustande erhält. Da das rothfärbende Pigment nur im Fleisch derselben enthalten ist, die Haut jedoch kein Farb-Pigment enthält, so ist eine kleinkörnige Cochenille, wenn sie auch schön färbt, im quantitativen Verhältniß nicht so vortheilhaft und muß deshalb niedriger im Preise sein.

Im feinzerriebenen oder zermahlenen Zustande muß eine gute Cochenille ein angenehmes dunkel-purpurrothes Pulver zeigen und mit reinem Wasser befeuchtet und auf weißes Papier gestrichen eine angenehme dunkelrothe Farbe erzeugen.

Die mexicanische Cochenille kommt jetzt selten im Handel vor, namentlich die Sorten von Honduras, eine ziemlich großkörnige Cochenille von dunkelgrauer Farbe, worunter die Zacatille die beste ist.

Dieser folgt die Teneriffa- und Vera-Cruz-Cochenille von kleinerem Korn und röthlich-grauer Farbe. Der billige Preis derselben und da sie ein schön färbendes rothes Pigment enthält, läßt ihre Anwendung vortheilhaft erscheinen.

Die Java-Cochenille ist die geringste Sorte Cochenille. Da dieselbe von angenehmer silbergrauer Farbe ist, lockt sie manchen Nichtkenner an; sie enthält aber 25 Procent rothfärbendes Pigment weniger, als die von Honduras.

Verfälschungen einer guten Cochenille mit künstlich bereiteten und gefärbten Körnern, namentlich aus Thonerde ꝛc., kommen bei dem niedrigen Preise derselben jetzt nicht mehr vor, sie sind auch leicht zu entdecken, da ein solches Korn beim Zerdrücken oder Befeuchten eine grauröthliche Farbe zeigt.

Jedoch einige Betrügereien mit dieser für den Zeuchdruck und die Färberei so wichtigen Substanz finden mitunter noch statt und sind folgende.

1) Das Silbern der Cochenille. Dies hat den Zweck, derselben bei hohen Preisen eine Gewichtsvermehrung zu ertheilen. Das Verfahren wurde zuerst in Bordeaux ausgeübt und geschieht folgendermaßen.

Eine Teneriffa- oder Vera-Cruz-Cochenille wird durch ein Sieb vom Staub gereinigt, hierauf auf einem Leinen- oder Wachstuch ausgebreitet, mit einem schwachen Gummi-Wasser benetzt und fortwährend eine Stunde lang herumgearbeitet. In diesem Zustande läßt man sie einige Stunden lang verbleiben; alsdann bringt man dieselbe in einen Leder- oder jeden anderen festen Sack, setzt eine beliebige Menge zartgemahlenen Federalaun (Talcium) hinzu und läßt die Masse fortwährend herumarbeiten, bis die Cochenille die silbergraue Farbe angenommen hat. Nachdem dies geschehen, wird dieselbe nochmals gesiebt, um den nicht verbundenen Federalaun zu entfernen. Oft bringt man auch ein geringes, mit Schwerspath gemischtes Bleiweiß dazu in Verwendung.

Leider wissen diese betrügerischen Speculanten nicht, was für Unheil sie durch eine solche Verfälschung anstiften können, denn diese betrügerische Gewichtsvermehrung, die sich oft auf 10 bis 12 Procent herausstellt, hat für den unkundigen Zeuchdrucker und Färber meist den Nachtheil, daß schlechte, oft unbrauchbare rothe Farben erzeugt werden.

Bei aufmerksamer Beachtung ist eine solche gefälschte Cochenille leicht zu erkennen; sie zeigt gewöhnlich eine silbergraue Farbe, die in den Körnern befindlichen natürlichen Vertiefungen sind mit der betrüglichen Substanz angefüllt, und beim Befeuchten mit reinem Wasser verschwindet die weiße Substanz. Um aber diesen Betrug völlig zu entlarven, ist folgendermaßen zu verfahren.

Man wiegt eine beliebige Menge als echt bekannte Cochenille genau ab und bringt dieselbe in ein Bierglas. In ein anderes Glas von derselben Größe bringt man ebenfalls dieselbe Menge der zu untersuchenden silbergrauen Cochenille. Diejenige, welche das Glas am meisten anfüllt, ist die beste.

2) **Auskochen der Cochenille.** Es giebt wohl wenig thierische Körper, die eine so besondere Eigenschaft, als die Cochenille zeigen. Dieselbe kann einer drei- bis viermaligen stundenlangen Auskochung in reinem Wasser unterzogen werden, ohne daß sich die Körner zertheilen oder auflösen; das rothfärbende Pigment zieht in die Flüssigkeit und die Hülse (Haut) bleibt zurück. Man glaubte durch dieses Verfahren ein zum Zeuchdruck schöneres, mit der Haut nicht verunreinigtes Roth und auch einen gleichförmigeren Druck zu erzielen.

Diese mehrere Mal ausgekochte Cochenille bleibt, wie bemerkt, in festen Körnern, und kann in diesem feuchten Zustande sowohl, als auch getrocknet, zur Darstellung geringer, echt rother Farben für Schafwolle Verwendung finden. Die soliden Zeuchdruckereien, die nach diesem Verfahren arbeiten, verkaufen diese den Wollfärbern für einen geringen Preis direct, einige jedoch auch an Handelsleute, die dieselbe trocknen und nach bekanntem Verfahren mit Federalaun ɔc. silbern, um dieselbe zum Verfälschen der guten Cochenille anzuwenden.

In ihrem getrockneten Zustande ist dieselbe leicht daran zu erkennen, daß die Körner von auffallender Leichtigkeit sind und ein dunkelbraunes Pulver erzeugen.

Der im Handel oft vorkommende, von echter Cochenille abgesiebte Staub und auch die kleine Cochenille (Granille) kann oft sehr vortheilhafte Verwendung zum Echtfärben der Schafwolle finden, man muß jedoch, ehe man denselben in großem Quantum ankauft, durch einen kleinen praktischen Versuch die Ausgiebigkeit an färbendem Pigment prüfen; oft erzeugt 1 Pfund Cochenillestaub so viel Pigment, als $1/4$ Pfund Cochenille.

Cochenille Ammoniak (Cochenille préparé).

Dies ist eine für den Zeuchdruck, die Schafwollen- und Seidenfärberei zur Darstellung der Carmoisin- und rosenrothen Farben wichtige Substanz, die jedoch durch die Entdeckung und Anwendung des Anilin oder Fuksin leicht verdrängt werden kann.

Die Cochenille Ammoniak ist in chemischen Fabriken käuflich zu haben. Sie bildet kleine Täfelchen von brauner Farbe; mit reinem Wasser befeuchtet, zeigt dieselbe eine schöne Carmoisin-Farbe. Die Bereitung derselben wird nach folgendem einfachen Verfahren vollzogen.

Man bringt in einen glasurten Steintopf 3 ℳ. käuflichen starken **Spiritus Ammoniak** (Salmiakgeist), setzt der Flüssigkeit bei fortwährendem Umrühren mit einem Glasstäbchen in kleinen Portionen 1 ℳ. feinzerriebene oder gemahlene **Cochenille** hinzu, rührt die Masse eine halbe Stunde lang durch und bringt das Gefäß an einen warmen Ort zur Sicherung auf ein trockenes Sandbad. Der Zweck ist, daß sich der Salmiakgeist vollkommen verflüchtige, da diese Cochenillesubstanz nur in diesem Zustande vortheilhaft anzuwenden ist. Die Lösung muß eine möglichst dicke, angenehm braune Farbe bilden und keinen merklichen Salmiakgeist-Geruch zeigen.

Dem Verderben ist die Cochenille Ammoniak niemals unterworfen, sondern erzeugt nach jahrelangem Aufbewahren schönere und kräftigere Farben.

Lack-Dye (Färberlack, Lacklack).

Der im Handel vorkommende Lack-Dye ist ebenfalls eine thierische Substanz. Ursprünglich wird derselbe dadurch gebildet, daß mehrere in Ostindien wachsende Bäume ein Harz ausschwitzen, in dem die Gummilack-Schildlaus ihre Eier legt, woraus sich der Stocklack erzeugt. Dies ist der natürliche, mit Harz und rothfärbendem Pigment verbundene Lack.

Die Trennung des rothfärbenden Pigments wird in Ostindien im Großen vollzogen. Man bringt dazu Laugensalze in Anwendung. Im reinen, zur Färberei dienlichen Zustande ist derselbe erst seit Anfang dieses Jahrhunderts bekannt. Die Darstellung des Lack-Dye (Färber-Lacks) muß daher, um ein von harzigen Theilen reines Product zu erzielen, mit Fleiß und Aufmerksamkeit vollzogen werden; ein schlecht bereiteter Lack-Dye ist zum Rothfärben gänzlich unbrauchbar.

Derselbe kommt theils in einigen Zoll langen Quadrat-Täfelchen, welche oft mit Buchstaben (Marken) versehen sind, theils feingemahlen im Handel vor. Durch die mehr hellere als dunklere braune Farbe läßt sich auf die Güte desselben nicht schließen.

Beim Ankauf desselben muß man mit der größten Vorsicht zu Werke gehen, und sollte daher keine bedeutende Parthie übernehmen, ehe man sich nicht durch einen kleinen praktischen Versuch von der Güte desselben überzeugt hat. 4 Loth guter Lack-Dye müssen nach bekanntem Verfahren 1 Pfund Schafwollenstoff vollkommen schön scharlach färben.

Die Anwendung eines guten Lack-Dye ist zwar gegen den jetzt so billigen Preis der Cochenille von keinem Vortheil, jedoch sind die mit demselben dargestellten rothen Farben, namentlich gegen Laugensalze und Schweiß, von größerer Dauer.

Vorzüglich hat man dahin zu trachten, daß man beim Färben ec. einen möglichst feingemahlenen Lack-Dye in Anwendung bringt; gröblich gemahlener ist nicht lösbar und färbt schlecht und wenig.

Irrthümlich glaubte man früher, einen durch Flußwasser beschädigten Lack-Dye bei billigem Preis vortheilhaft zu verwenden, es entwickelt sich aber nach längerer Zeit in demselben eine Gährung, die zuletzt in Fäulniß übergeht und ihn gänzlich verdirbt.

Die unter dem Namen Lack-Lack vorkommende Substanz ist der harzige Rückstand vom Lack-Dye und mit wenig rothfärbendem Pigment verbunden. Er bildet unförmliche, kleine Stücke, auswendig von röthlicher, im Bruch von glänzender brauner Farbe. Derselbe ist in den stärksten Säuren nicht lösbar. Man muß sich vor dem Ankauf desselben hüten, da derselbe schon oft bedeutende Verluste herbeigeführt hat.

Die unter dem Namen Schellack bekannte Substanz, welche in vielen Künsten und Gewerben namentlich zur Darstellung von Polituren Verwendung findet, wird durch Zusammenschmelzen des Stocklacks und Reinigen dieser Masse erzeugt.

Ammoniak. Salmiak. Salmiakgeist.

Der Salmiak ist eins der wichtigsten Ammoniaksalze. Die Bestandtheile desselben sind Stickstoff und Wasserstoffgas in Verbindung mit Säuren. Früher wurde der Salmiak nur in Aegypten aus dem Mist der Kameele und anderer Thiere erzeugt, jetzt wird derselbe aber vollkommener namentlich in Deutschland dargestellt.

Die Bereitung desselben wird im Großen folgendermaßen vollzogen.

Thierische Stoffe, als Horn, Klauen, Knochen, werden der trockenen Destillation unterworfen und das dadurch gewonnene kohlensaure Ammoniak mit Salz oder auch mit Schwefelsäure gesättigt, worauf das gebildete schwefelsaure Ammoniak mit Kochsalz zersetzt wird und den Salmiak bildet, welcher dann nochmals gereinigt (sublimirt) wird. Derselbe kommt in weißen, durchscheinenden Stücken und zähem, faserigem Gefüge im Handel vor. Der Geschmack desselben ist scharf salzig und im Wasser leicht lösbar. Derselbe findet im Zeuchdruck, der Färberei, sowie in anderen Künsten und Gewerben, namentlich beim Löthen der Metalle, vielfache Anwendung.

Salmiakgeist (Spiritus Ammoniak). Der Salmiakgeist (wässeriges Ammoniak) wird im Großen dadurch gewonnen, daß man eine Mischung von 1 Theil Salmiak und 2 Theilen ungelöschtem Kalk erhitzt und das sich entwickelnde Gas in eine Flüssigkeit von reinem Wasser leitet, bis dasselbe gesättigt ist. Es ist eine wasserklare, stechend gasartig riechende Flüssigkeit, die höchst brennend schmeckt und auf der Haut Blasen erzeugt. An der Luft und beim Kochen verliert derselbe sein Ammoniak, deshalb muß man denselben in gut verschlossenen Gefäßen aufbewahren.

Der Salmiakgeist findet im Zeuchdruck und in der Färberei zum Reinigen (Waschen) der rohen Schafwolle, Entfernen von Flecken aus Zeuchstoffen, sowie in der Hutfabrikation vielfache Verwendung.

Leim (Gelatine, flüssiger Leim).

Die Bildung des Leims, einer der wichtigsten Substanzen für viele Künste und technische Gewerbe, wird sehr verschieden vollzogen, namentlich aus den Hautabfällen der Thiere, den Schuppen und Knorpeln der Fische und aus den thierischen Knochen. Diese Leimsorten können nur für technische Gewerbe vortheilhaft dienen, da die aus Hirschhorn und Hausenblase dargestellten Leimpräparate zu kostspielig sind und in der Neuzeit durch die Chemie und praktische Erfahrung aus den thierischen Hautabfällen (sogenanntem Leimleder) und Knochen ein durchaus reiner Leim und dergleichen Gelatine erzeugt werden kann, vorausgesetzt, daß die Naturproducte mit Aufmerksamkeit angekauft und nach praktischen Erfahrungen zu einem guten, brauchbaren Leim namentlich zum Zeuchdruck, zu der Appretur der Zeuchstoffe, wie auch zu anderen Künsten und Gewerben verarbeitet werden. Siehe auch die in diesem Lehrbuch für technische Gewerbe mitgetheilten Appreturmassen und Verdickungsmittel.

Blutlaugensalz, siehe Cyan-Eisen.

Harn (Urin).

Der Harn wird aus den lebenden Körpern der Menschen und Thiere durch die Nieren aus dem arteriellen Blute abgesondert (Harnstoff).

Der menschliche Harn enthält im gewöhnlichen Zustande verschiedene Salze, die jedoch nicht immer genau zu ermitteln sind, da die Beschaffenheit desselben theils von dem Getränk, welches genossen, und theils von dem Gesundheitszustand, in welchem der Körper sich befindet, abhängt. Es ist eine unangenehm salzig schmeckende Flüssigkeit, die nach längerem Aufbewahren einen übelriechenden, kohlensauren Ammoniak-Geruch annimmt (fauler Urin). In diesem Zustande aber findet derselbe vorzüglich vortheilhafte Verwendung, hauptsächlich zum Schönen einiger Farben.

Vermöge des in demselben sich bildenden kohlensauren Ammoniaks findet er im sauligen Zustande vorzüglich auch zum Reinigen (Waschen) der rohen Schafwolle dieselbe vortheilhafte Verwendung, und bis jetzt hat keine chemische Substanz ein gleiches Resultat geliefert, die Wolle so zart und weich zu erhalten, wie es durch den Harn geschieht. Im Allgemeinen bringt man 1 Theil gefaulten Urin mit 2 Theilen reinem handheißen Wasser gemischt in Gebrauch.

Im ungemischten Zustande ist derselbe auch befähigt, den Indigo vollkommen aufzulösen (Urin-Indigo-Blauküpe), ein Färb-Verfahren, welches jedoch im Großen zum Blaufärben der Schafwolle nicht zweckmäßig ist.

N. Brand in Hamburg entdeckte und erzeugte im Jahre 1672 aus Harn (Urin) den Phosphor.

Der Harn der Thiere ist von sehr verschiedener Beschaffenheit. Der von größeren Thieren, namentlich dem Löwen, dem Tiger ꝛc., stammende Harn enthält meist viel Harnstoff und ist gleich dem Rindviehharn im Allgemeinen laugenartig; der von kleineren Thieren, als Hunden, Katzen ꝛc. gewonnene Harn enthält dagegen viel Harnsäure und entwickelt wenig kohlensaures Ammoniak, daher seine Aetzbarkeit.

Seife. Talgseife. Oelseife.

Die Seifen sind Verbindungen von Talg, Fett oder Oel mit Laugensalzen, wozu man die calcinirte Soda oder auch Pottasche, Asche der harten Hölzer in Verbindung mit Kalk in Anwendung bringt. Dies ist das gewöhnliche, in Deutschland übliche Verfahren zur Darstellung der einfachen harten Seifen.

In Frankreich und Italien bringt man anstatt der thierischen Fette nach demselben Verfahren Olivenöl (Baumöl) dazu in Anwendung (Oelseife).

In Rußland, Schweden, England und mehreren anderen Ländern wendet man auch Rüböl, Fischthran in Verbindung mit Pottasche und Kalk zur Darstellung der sogenannten Schmierseife, einer geringen Seifengattung, an, die jedoch zum Waschen der Kammwolle sehr brauchbar ist.

In der Neuzeit wird auch Palmöl und Cocosnußöl zur Bereitung der Seife in Anwendung gebracht.

Zur Darstellung einer guten Seife ist im Allgemeinen zu beachten, daß die dazu in Anwendung zu bringenden Substanzen von bester Güte sind und die Bereitung derselben mit Kenntniß und Aufmerksamkeit vollzogen wird; ferner, daß das Fett oder Oel mit den Laugensalzen vollkommen verbunden sein muß.

Gute Seife muß im trockenen Zustande nicht laugenhaft schmecken und sich in reinem, handheißem Wasser unter Entwickelung von starkem Schaum vollkommen lösen.

Die Seife findet in allen Zweigen der Färberei, namentlich in der Seiden- und Türkischrothfärberei bedeutende Verwendung, zu welchem Behuf man mit Vorsicht eine durchaus gute, reine Oelseife wählen muß. Von allen bekannten Seifen verdient hierzu die Marseiller Seife bis jetzt den Vorzug. Wenn auch der Preis dieser

Seife etwas hoch erscheint, so wird sich doch bei der praktischen Anwendung derselben sehr bald herausstellen, daß man mit ihr meist billiger arbeiten kann, als mit einer andern ähnlichen, oft unregelmäßig und mit schlechten Materialien dargestellten und nicht trockenen Seife.

Die Marseiller Seife kommt gewöhnlich in großen, oft 20 Pfund schweren Stücken (Riegeln) in Kisten verpackt im Handel vor und ist überall käuflich zu haben.

Sechste Abtheilung.

Die Weißbleiche und das Färben der zum Bedrucken bestimmten baumwollenen, leinenen, schafwollenen und seidenen Gewebe (Zeuchstoffe) für den Tafel-, Beiz- und Oeldruck.

Das Färben der zum Bedrucken bestimmten baumwollenen, leinenen, schafwollenen und seidenen Zeuchstoffe muß in vielen Fällen nach einem anderen Verfahren, als nach dem gebräuchlichen vollzogen werden, da man in der Neuzeit vielfache Beizsubstanzen und auch das Dämpfen dabei in Anwendung bringt, wodurch die nöthigen Grundfarben dargestellt werden müssen, so daß dieselben dem nachherigen Dämpfen und Spülen mit gutem Erfolg unterzogen werden können.

1.
Das Färben der zum Bedrucken bestimmten baumwollenen und leinenen Zeuchstoffe.

Um für diese Stoffe im Färben und Bedrucken einen günstigen Erfolg zu erzielen, ist es als Grundsatz höchst nothwendig, daß dieselben von den anhängenden Unreinigkeiten, wie z. B. der beim Weben derselben in Anwendung gebrachten Schlichte ꝛc., befreit werden; denn ein nicht vollkommen gereinigter Zeuchstoff nimmt im Färben und Bedrucken die Farben niemals vollkommen und schön an und erzeugt auch keine gegen Luft und Laugensalze dauerhaften und billigen Farben.

Hiernach bedarf es der größten Beachtung, nur einen möglichst gereinigten Zeuchstoff zu diesem Behuf in Anwendung zu bringen. Zur Darstellung geringer Zeuchstoffe zum Blaudruck und anderer dunkler Farben wird der rohe Zeuchstoff nur durch Auskochen desselben in Sodaflüssigkeit gereinigt; zu den feineren Farben muß derselbe jedoch vorher aus bemerkten Gründen der Weißbleiche unterzogen werden, die in der Neuzeit selten mehr natürlich, sondern künstlich (chemische Bleiche) vollzogen und folgendermaßen vorgenommen wird.

Die Weißbleiche (chemische Bleiche) für baumwollene und leinene Gewebe (Zeuchstoffe) nach neuem praktischen Verfahren.

(Für 25 ℔. (5 Stück) baumwollene Gewebe.)

Die gewebten Zeuchstoffe von Baumwolle werden unter verschiedenen Namen, namentlich von englischen wie auch von deutschen Fabriken als Calico, Kattun, Printer, Bandona's, Stout (Stoff) und Neffel, im rohen sowohl, als auch im gebleichten Zustande in den Handel gebracht.

Die feineren Gattungen von Baumwollenzeuchen werden, ehe man sie dem Bleichen unterzieht und um denselben eine angenehme glatte Oberfläche zu ertheilen, nach dem bekannten Verfahren erst gesengt, sodann aber folgenden Behandlungen mit Aufmerksamkeit unterzogen:

1) Dem Einweichen. Die Zeuche werden nach dem bekannten Verfahren gebündelt und schichtweise in ein von Tannenholz gefertigtes Faß gebracht; zwischen jede Schicht streut man einige Hände voll Weizenkleie. Nachdem die oberste Schicht ebenfalls mit Weizenkleie überstreut ist, überlegt man die Masse mit Bretern und beschwert diese mit Steinen, damit beim Einlassen des Wassers die Zeuche sich nicht heben; alsdann läßt man reines, handheißes Wasser einlaufen, damit die Zeuche mit dieser Flüssigkeit bedeckt werden. In diesem Zustande verbleiben dieselben 48 Stunden lang, alsdann werden sie herausgenommen, am Fluß rein gespült und geklopft, worauf die Schlichte entfernt und zum Auskochen geschritten werden kann.

In einigen Bleichereien Englands bringt man die Zeuche, anstatt in Weizenkleie, in eine Kalkmilchflüssigkeit. Dieses Verfahren verlangt zwar weniger Zeit, aber desto mehr Handarbeit und muß mit mehr Aufmerksamkeit vollzogen werden.

2) **Das Auskochen der eingeweichten und gespülten Zeuche in Laugenflüssigkeit.**

Die eingeweichten und gespülten Zeuche werden erst in Bündel (Kochbündel) gezogen und läßt sie von der Flüssigkeit gut abrinnen.

Man füllt hierauf einen kupfernen oder eisernen Kessel oder eine Dampfkufe mit reinem Fluß- oder Brunnenwasser, erhitzt dieselbe bis aus Kochen und setzt die aus $1^1/_2$ Pfund käuflicher calcinirter Soda und 1 Pfund Kalk erzeugte kaustische Lauge hinzu. Ist dies geschehen, so bringt man die eingeweichten, gespülten und gebündelten Zeuche hinein und läßt sie 3 Stunden lang fortwährend kochen, alsdann werden dieselben herausgenommen, am Fluß gespült und dasselbe Verfahren nochmals wiederholt, dann wieder gespült und zum vollkommenen Bleichen in eine Chlorkalk- oder Schwefelsäureflüssigkeit gebracht.

Die Bereitung der zu diesem Behuf vollkommensten kaustischen Lauge wird folgendermaßen vollzogen.

Man läßt die $1^1/_2$ Pfund calcinirte Soda in 5 Berliner Quart (10 Pfund) reinem kochendheißen Wasser in einem beliebigen reinen Gefäß lösen. In einem anderen Gefäß läßt man in 5 Berliner Quart (10 Pfund) reinem kochendheißen Wasser 1 Pfund gelöschten Kalk (Kalkhydrat) bei fortwährendem Umrühren lösen, schüttet dann beide Lösungen heiß zusammen und rührt sie fortwährend gut um. Nach 5 bis 6 Stunden hat sich die Laugenflüssigkeit vom Bodensatz geklärt; man klärt nun dieselbe behutsam ab und bringt sie als kaustische Lauge in Verwendung. Der zurückgebliebene Bodensatz enthält noch einige Laugentheile und kann mit heißem Wasser nochmals ausgezogen werden.

In einigen Bleichereien und Fabriken Frankreichs verfährt man zwar einfacher beim Auskochen der zum Bleichen bestimmten Zeuche. Man bringt keine aus calcinirter Soda und Kalk dargestellte kaustische Lauge, sondern die geringere krystallisirte Soda in demselben Gewicht in Anwendung und vollzieht das Auskochen in 2 Stunden und zwar nur einmal. Es wird demnach dort zum Weißbleichen mehr Chlorkalkflüssigkeit in Anwendung gebracht, wodurch wohl der eigentliche Zweck des Bleichens, aber leider nur zum Nachtheil des Gewebes erreicht wird. Ein dergleichen gebleichter Zeuchstoff zeigt sich beim Färben und Bedrucken oft auch sehr untauglich und es ist dieses Verfahren nur für geringe Zeuche zweckmäßig.

3) **Das Chlorkalk- und schwefelsaure Bad zum vollkommenen Weißbleichen der ausgekochten Baumwollenzeuche.**

Man füllt eine hinlänglich große, aus Tannenholz gefertigte, mit einem Haspel versehene Kufe mit reinem kalten Wasser, setzt der Flüssigkeit so viel abgeklärten käuflichen Chlorkalk hinzu, daß dieselbe nach Beaumé's Säurenmesser eine Stärke von 2 Grad zeigt (das Chlorbad).

Ein gleiches Gefäß füllt man ebenfalls mit reinem kalten Wasser und setzt der Flüssigkeit so viel Schwefelsäure (englisches Vitriolöl) hinzu, daß dieselbe nach Beaumé's Säurenmesser die Stärke von 1 Grad zeigt (das Sauerbad).

Das Bleichverfahren wird nun folgendermaßen vollzogen.

Man bringt die in Laugensalzen ausgekochten und gespülten Zeuche mittelst des Haspels zuerst in die Chlorkalkflüssigkeit und läßt sie nach dem gebräuchlichen Verfahren über den Haspel möglichst gleichförmig (egal) $1/2$ Stunde lang darin herumarbeiten und 1 Stunde lang darin verbleiben; alsdann werden sie mittelst des Haspels herausgewunden, von der Chlorkalkflüssigkeit abrinnen gelassen und nach demselben Verfahren in die Schwefelsäureflüssigkeit gebracht, worin man sie ebenfalls $1/2$ bis $3/4$ Stunden lang verbleiben läßt. Hierauf werden sie mittelst des Haspels herausgenommen, das Verfahren in der Chlor- und Schwefelsäureflüssigkeit wiederholt, die Zeuche dann ebenfalls wieder herausgehaspelt und in fließendem Wasser so lange gespült, bis die denselben noch anhängende Chlor- und Schwefelsäureflüssigkeit vollkommen aus denselben entfernt ist, welches Letztere, wenn es nicht aufmerksam vollzogen wird, die zum Bedrucken bestimmten Zeuche sehr benachtheiligen kann.

Nachdem die Zeuche gespült sind, läßt man sie von der Flüssigkeit abrinnen und in der freien Luft möglichst trocknen, wonach sich ein vollkommenes Weiß darstellt.

Daß die Weißbleiche der Zeuche vollkommen vollzogen worden, ist daran zu erkennen, daß sich dieselben in reinem kalten oder handwarmen Wasser vollkommen (gleichförmig) nässen (netzen); die trocken bleibenden Stellen beweisen eine fehlerhafte Behandlung und können beim nachherigen Färben und Bedrucken leicht Flecken verursachen.

Die Erfahrung hat gelehrt, daß sich nicht jeder Zeuchstoff auch nach einem gründlichen Verfahren vollkommen weißbleicht; dies liegt jedoch gewöhnlich in dem Naturproduct (der Baumwolle). Die gute, reine nordamerikanische Baumwolle bleicht sich schneller und schöner, als die schlechtere ostindische (Surate-) und levantische Baumwolle, deßhalb muß man bestrebt sein, in manchen Fällen die Chlor- und Schwefelsäureflüssigkeit in einem etwas stärkeren Grade in Anwendung zu bringen. Der practische Färber und Zeuchdrucker kann dies nach mitgetheilten chemischen Grundsätzen leicht beurtheilen. Hauptsächlich ist bei dem ganzen Weißbleichverfahren die größte Vorsicht anzurathen. Findet man einen Zeuchstoff zu seinem Behuf vollkommen weiß, so muß man, um denselben vielleicht noch schöner darzustellen, keine weiteren Operationen damit vornehmen, welches denselben oft nachtheilig ist und ihn sogar verderben kann. Hat man zum Weißbleichen im großen Betrieb zu arbeiten, so ist es zweckmäßig und vortheilhaft, mehrere Kufen mit Chlorkalk- und Schwefelsäureflüssigkeit in Anwendung zu bringen; die Arbeit geht dadurch schneller von statten und es wird auch überdies noch an Material erspart.

Der zum Weißbleichen nöthige Chlorkalk muß in möglichst frischem Zustande in Anwendung gebracht werden; in allen Fällen muß derselbe in gut verschlossenen Gefäßen aufbewahrt werden, da er leicht an der Luft Feuchtigkeit anzieht und an Chlorgehalt verliert.

Die Lösung des Chlorkalks geschieht folgendermaßen: Man bringt 1½ ℔. käuflichen **Chlorkalk** in feinem, nicht geklumptem Zustande in ein Tannenholz- oder Steingefäß und setzt demselben nach und nach bei fortwährendem Umrühren mit einem Tannenholzstab 10 Berliner Quart (20 Pfund) reines kochendheißes Wasser hinzu und rührt die Flüssigkeit ½ Stunde lang gut um, welches man in Zeit von einigen Stunden mehrere Mal wiederholt; nach Zeit von 8 bis 12 Stunden klärt man die helle Chlorkalkflüssigkeit vom Bodensatz behutsam ab und bringt sie nach dem bekannten Verfahren zum Bleichen in Anwendung.

Den Rückstand des Chlorkalks kann man nochmals mit reinem heißen Wasser ausziehen und sich klären lassen und ebenfalls zum Bleichen verwenden.

Das Weißbleichen der Leinewand wird nach demselben Verfahren, als das der Baumwollenzeuche vollzogen, nur daß man die Chlor- und Schwefelsäureflüssigkeit um 1 Grad stärker in Anwendung bringt.

Zweckmäßig ist es jedoch, die nach diesem Verfahren gebleichte Leinewand an der Luft noch etwas nachzubleichen (Rasenbleiche), wodurch sich, da dieselbe oft im weißen Zustande verwendet wird, der eigenthümliche Chlorgeruch aus derselben verliert.

2.
Die kalte Indigo-Küpe, sowie Ansatz und genaue Leitung derselben.

Die kalte Indigoküpe bildet sowohl im Baumwollen- und Leinenzeuchdruck wie auch in der Färberei zur Darstellung der sogenannten Küpenartikel einen wichtigen Gegenstand; das aus derselben erzeugte Blau ist echt gegen Luft und Laugensalze und kann in Verbindung mit Salzen und Säuren und vielfachen Pigmenten zu Luxusartikeln im Zeuchdruck Verwendung finden.

Die zum Blaufärben nöthigen Küpen sind von Holz gefertigt; in England bedient man sich vielfach der aus Stein gefertigten Küpen. Zum Zeuchdruck müssen dieselben eine Höhe von 5 bis 6 Berliner Ellen und $2^1/_2$ bis 3 Ellen im Durchmesser haben. Die Fugen derselben müssen gegen das Durchdringen der Indigoflüssigkeit genau geschlossen sein und aus Vorsicht mit einem den Flüssigkeiten widerstehenden Kitt überlegt werden. Die Küpen werden so tief in die Erde gestellt, daß sie nur wenige Fuß hoch über derselben hervorragen. Zum Färben der Baumwollen- und Leinengarne kann man Küpen von kleinerem Umfange verwenden. Die zum Blaufärben bestimmten Baumwollen- oder Leinenzeuche werden theils in gewöhnliche, theils in sogenannte Sternreife gespannt, welches mit großer Aufmerksamkeit vollzogen werden muß.

Der Ansatz der kalten Indigoküpe wird demnach folgendermaßen vollzogen.

Man füllt die Küpe bis auf einige Fuß vom Rande mit reinem kalten Fluß- oder Brunnenwasser, und setzt der Flüssigkeit 2 ℔. **Eisenvitriol** (Kupferwasser), welcher in 10 Berliner Quart (20 Pfund) reinem heißen Wasser gelöst ist, sowie 3 ℔. besten **Kalk**, welcher ebenfalls in 10 Berliner Quart (20 Pfund) Wasser gelöst ist, hinzu. Dies ist das so zweckmäßige Anschärfen beim Ansatz der frischen kalten Indigoküpe. Nun läßt man 3 ℔. feinen **Bengal-** oder **Java-Indigo** nach bekanntem Verfahren in der Reibeschaale mit eisernen Kugeln oder in der Indigoreibemaschine mit Wasser möglichst fein abreiben und bringt die erzeugte Indigoflüssigkeit in ein kleines hölzernes, besser in ein eisernes Gefäß, welches man die Ansatz- oder Speiseküpe nennt. Ist der Indigo mit dem Wasser hinlänglich abgerieben und in die Ansatzküpe gebracht worden, so setzt man der Indigoflüssigkeit zuerst 9 ℔. möglichst frischen **Eisenvitriol** (Kupferwasser), welcher in 20 Berliner Quart (40 Pfund) reinem scharfheißen Wasser gelöst ist, hinzu, rührt die Flüssigkeit fortwährend $\frac{1}{2}$ Stunde lang um und fügt zu derselben bei fortwährendem Umrühren mit einem Tannenholzstabe 12 ℔. besten **Kalk** in Stücken, welcher in 20 Berliner Quart (40 Pfund) reinem kalten Wasser gelöst ist. Die Flüssigkeit hat nun eine olivengrünliche Farbe und einen eigenthümlichen Geruch angenommen; es zeigt sich auf der Oberfläche eine Kupferhaut und dunkelblaue Blasen (Blumen) und man ersieht hieraus, daß die Lösung des Indigo vollzogen ist. Man rührt dieselbe hierauf bis zum völligen Erkalten und läßt sie in diesem Zustande wenigstens 12 Stunden lang, besser länger, verbleiben, worauf sie eine gelbliche Farbe angenommen hat. Dann wird sie noch gut umgerührt und in die mit reinem Wasser gefüllte angeschärfte Küpe gebracht, wiederholt einigemal gut aufgerührt und nach 8 bis 10 Stunden zum Blaufärben in Verwendung genommen, welches nach dem bekannten Verfahren geschieht.

Da der Indigo an blaufärbendem Pigment verschiedenen Gehalt hat, so muß man oft mehr oder weniger Eisenvitriol und Kalk in Anwendung bringen, welches sich leicht feststellen läßt.

Es steht ganz im Belieben, nach diesem Verfahren mehr oder weniger Indigo anzusetzen, man hat jedoch in Allem nur das genaue Verhältniß des Eisenvitriols und Kalks zum Indigo zu beobachten und einzuhalten.

Zur Lösung des Indigo für die kalte Indigoküpe gehen folgende chemische Anziehungen vor sich. Der Eisenvitriol (Kupferwasser) wird von einem Theil des Kalks zersetzt; es entsteht dadurch schwefelsaures Kali, welches in der Flüssigkeit aufgelöst bleibt, und schwefelsaurer Kalk, der größtentheils auf den Boden der Küpenflüssigkeit niederfällt. Der nun von der Schwefelsäure befreite Eisenvitriol entzieht dem Indigo den Sauerstoff, den er verlieren muß; die Indigoflüssigkeit nimmt demnach eine olivengrüne Farbe an und wird von den Kalktheilen vollkommen aufgelöst.

Hat man in einer frisch angestellten kalten Indigoküpe längere Zeit blau gefärbt, so nimmt dieselbe natürlich an blaufärbender Substanz ab, und es können aus derselben nur hellere blaue Farben dargestellt werden; oder man setzt frischgelösten Indigo zu.

Dem gänzlichen Verderben wie die Waidküpe ist die kalte Indigoküpe nie unterworfen, jedoch muß dieselbe zu manchen Zeuchdruckarbeiten in möglichst frischem und gutem Zustande sein, d. h Eisenvitriol und Kalk in zeregeltem Verhältniß enthalten; es ist deßhalb durchaus nöthig, die Küpenflüssigkeit in klarer, reiner, gelbgrünlicher Farbe zu erhalten. Ueberschuß an Kalk erzeugt Niederschlag des Indigo. Die Reservage (Papp) steht zwar in einer solchen Küpe gut, das Blau färbt jedoch nicht so schön und langsam auf (scharfe Küpe); die Küpenflüssigkeit hat folglich eine grünliche trübe Farbe angenommen. Um daher die Küpe wiederum in gut färbenden Stand zu bringen, setzt man derselben etwas in heißem reinen Wasser gelösten Eisenvitriol hinzu.

Zu viel oder Ueberschuß an Eisenvitriol bewirkt, daß die Reservage (Papp) ausläuft; die Küpe färbt zwar stark, jedoch ein nicht dauerhaftes Blau und die Küpenflüssigkeit hat eine trübe, gelbliche Farbe angenommen (leise Küpe). In diesem Falle muß man derselben etwas in reinem Wasser gelösten Kalk hinzusetzen. Zweckmäßig ist es, der Küpenflüssigkeit, nachdem man längere Zeit darin gefärbt, dieselbe nach dem bekannten Verfahren mit etwas Kalk und Eisenvitriol nachzuschärfen. Nothwendig ist es, die gefärbten oder bedruckten blauen Zeuche von den anhängenden Kalktheilen zu befreien; dies geschieht in einigen Fällen in handwarmem Wasser mit Zusatz von Weizenkleie, vielfach auch in einer Flüssigkeit von reinem Wasser, welches durch Zusatz von Schwefelsäure (englischem Vitriolöl) essigsauer schmeckend dargestellt ist (das Abziehen der blaugefärbten Zeuche), worauf dieselben gespült werden, in diesem Zustande verbleiben oder zu anderen Färboperationen verwendet werden können.

3.
Echt Braun aus Catechu für Tafeldruck.

(Für 25 ℔. (5 Stück) baumwollene Zeuche und Leinewand im ausgekochten und halbgebleichten Zustande.

Die nach diesem neuen Verfahren dargestellten braunen Farben zeichnen sich nicht allein durch besondere Dauer gegen Luft und Laugensalze, sondern sind auch vorzüglich für den Tafeldruck zweckmäßig, da dieselben sich im Dämpfen fest erweisen. Sie sind auch für den Oelfarbe-Tafeldruck besonders geeignet.

Das Färben dieses Braun wird folgendermaßen vollzogen.

Man läßt in einer nicht zu großen Quantität reinem Wasser in einem kupfernen Kessel oder einer Dampfkufe 5 ℔. echtes, gröblich gepulvertes **braunes Catechu** und 5 ℔ zart gepulverten **Salmiak** $1/2$ Stunde lang gelinde durchkochen, fügt zu der Catechuflüssigkeit $1\,2$ ℔ gröblich gepulvertes **schwefelsaures Kupfer**, rührt die Flüssigkeit gut um und setzt derselben so viel reines Wasser hinzu, daß sie scharf handheiß verbleibt, bringt dann die Zeuche in genäßtem Zustande über den Haspel hinein und läßt sie nach dem bekannten Verfahren 15 bis 20 Minuten lang darin verbleiben Alsdann werden sie herausgenommen und folgendermaßen geschönt.

Man füllt zu diesem Behuf einen kupfernen Kessel oder eine Dampfkufe mit reinem Wasser, erhitzt die Flüssigkeit handwarm und setzt derselben 25 ℔ **rothes chromsaures Kali** hinzu, welches zart gepulvert in 2 Berliner Quart (4 Pfund) reinem heißen Wasser gelöst ist, bringt hierauf die in der Catechuflüssigkeit (Flotte) behandelten, von der Flüssigkeit möglichst abgetropften Zeuche hinein und läßt sie nach dem bekannten Verfahren 15 bis 20 Minuten lang fortwährend darin herumarbeiten, worauf sie dann herausgenommen, gespült und an der Luft getrocknet werden. Sie sind somit gut.

Dadurch, daß man das Verfahren in derselben Flüssigkeit wiederholt, werden dunklere braune Farben erzeugt.

Um ein sehr dunkles Braun darzustellen, kann man der Catechuflüssigkeit die Abkochung von einigen Pfund **Campeche-Blauholz** hinzusetzen.

Die schon gebrauchte catechu- und chromsaure Kaliflüssigkeit kann man aufbewahren und mit etwas Zusatz von beiden Substanzen wiederum zum Braunfärben in Anwendung bringen. Beide Flüssigkeiten sind jedoch auch zu einer Reihe echter, angenehmer Modefarben, die sich für den Tafel- und Oeldruck eignen, besonders vortheilhaft nach folgendem Verfahren zu verwenden. Man füllt zu dem Ende einen kupfernen Kessel oder eine Dampfkufe mit reinem Wasser, erhitzt die Flüssigkeit handheiß und setzt derselben von der schon in Anwendung gewesenen Catechuflüssigkeit hinzu. Das Quantum läßt sich nach der Modefarbe, die man erzielen will, leicht feststellen. Nun bringt man die genäßten Zeuche hinein und läßt sie nach dem bekannten Verfahren

½ Stunde lang darin herumarbeiten, worauf sie herausgenommen und nach bekanntem Verfahren in reinem handheißen Wasser, dem man etwas von der schon in Anwendung gewesenen chromsauren Kaliflüssigkeit hinzugesetzt hat, geschönt, sodann gespült und an der Luft getrocknet werden.

Durch mehr oder weniger Zusatz von diesen beiden Substanzen zu den Flüssigkeiten sind vielfache Abstufungen (Nüancen) von röthlichen Modefarben zu erzielen.

Bringt man die in Catechuflüssigkeit behandelten Zeuche in eine Flüssigkeit von reinem kalten oder lauwarmen Wasser, dem man etwas holzessigsaures Eisen hinzugesetzt hat, so erzielt man grauröthliche Farben.

Ein Zusatz von ein wenig Alaun zu dem holzessigsauren Eisen erzeugt blaugrau-röthliche Farben.

Nach diesem einfachen practischen Verfahren kann jeder Schönfärber und Zeuchdrucker, der sich mit den Grundsätzen der Chemie bekannt gemacht, noch ein weites Feld zur Anwendung des Catechu finden.

4.
Braun aus Rothholz für Beizdruck (Freßdruck), Tafel- und Oeldruck.

(Für 25 ℔. (5 Stück) baumwollene Zeuche und Leinwand im ausgekochten oder gebleichten Zustande.

Die aus dem Rothholz erzeugten, zum Zeuchdruck geeigneten braunen Farben sind zwar nicht so dauerhaft gegen die Luft, als die aus Catechu dargestellten, jedoch für den Beizdruck erforderlich, da auf den braunen Grund derselben durch Anwendung von zinnsauren Salzen einfach und billig beliebige rothe Muster (Desseins) durch's Bedrucken erzeugt werden können.

Die Darstellung der braunen Grundfarbe wird auf folgende Weise vollzogen.

Man bringt in ein kupfernes oder Tannenholz-Gefäß eine nach dem bekannten Verfahren bereitete oder käufliche holzessigsaure oder essigsaure Eisenauflösung von 5 Grad Stärke nach Beaumé's Säurenmesser, jedoch nur in solcher Menge, daß man 1 Stück (5 Pfund am

Gewicht) Baumwollen- oder Leinenzeuch bei fortwährendem Durcharbeiten vollkommen von der Beizflüssigkeit durchdringen lassen kann.

Die gereinigten Zeuche werden stets im getrockneten Zustande in die Flüssigkeit gebracht und nachdem sie von derselben vollkommen genäßt und durchdrungen sind, herausgenommen und von der anhängenden Beizflüssigkeit gut und gleichförmig abgerungen und ohne Zutritt von Sonnenlicht möglichst gleichmäßig getrocknet.

Hat man in hinreichender Menge braun zu färben, so setzt man derselben holz- oder essigsauren Beizflüssigkeit nochmals eine gewisse Menge Rothholz hinzu, und beobachtet das bekannte Verfahren. Diese Beizflüssigkeit nimmt wohl an Menge (Quantum), jedoch nicht an färbender Kraft ab.

Die vorbereiteten und getrockneten Zeuche werden hierauf in heißem reinen Wasser mit Zusatz von $\frac{1}{2}$ Pfund Weizenkleie für 1 Stück Zeuch $\frac{1}{2}$ Stunde lang gereinigt, um die anhängenden, beim Färben nachtheiligen Eisentheile aufzulösen und zu entfernen, sodann am Fluß gespült und geklopft und folgendermaßen dunkelbraun gefärbt.

Man füllt einen kupfernen Kessel oder eine Dampfkufe mit reinem Wasser, erhitzt die Flüssigkeit handheiß und setzt derselben in losem Zustande $12\frac{1}{2}$ ll. trocken gemahlenes **St. Martins- oder Costariko-Rothholz** und $1\frac{1}{4}$ ll. Sicilianer oder besten Triester Sumach hinzu, bringt die gereinigten Zeuche hinein und läßt sie über dem Haspel bei steigender Hitze bis zum Kochen darin herumarbeiten, nimmt sie dann heraus und spült sie rein, worauf sie getrocknet und in diesem Zustande zum Beizdruck Verwendung finden können.

Dadurch, daß man dem Rothholz 1 bis 2 Pfund Quercitronrinde hinzusetzt, wird ein gelblicheres Braun erzeugt. Um nicht nur bessere braune Farben, sondern auch einfache Grundfarben zum Beizdruck zu erzielen, kann man der holz- und essigsauren Eisenflüssigkeit die Hälfte oder ein Viertheil nach bekanntem Verfahren bereiteter essigsaurer Thonerde hinzusetzen. Diese Zusammensetzung ist begreiflicher Weise leicht zu bezwecken, und man hat beim Beizen und Braunfärben in Allem das obige Verfahren zu beobachten. Nach älterem Verfahren brachte man anstatt der Weizenkleie zum Reinigen Kuhmist in Anwendung; bei Krappfarben ist dies wohl zweckmäßiger, bei Holzfarben aber leistet die Weizenkleie dieselben Dienste.

5.
Roth (unecht Türkischroth) aus Rothholz, für Tafel- und Beizdruck.

(Für 25 ℔. (5 Stück Baumwollenzeuche und Leinewand im ausgekochten oder halb- und ganzgebleichten Zustande.)

Dieses zwar schöne, jedoch gegen Luft und Laugensalze nicht dauerhafte Roth ist nur für geringe Zeuche anwendbar, für Tafel- und Beizdruck aber sehr zweckmäßig.

Das Färben dieses Roth wird folgendermaßen vollzogen.

Man bringt in ein kupfernes oder Tannenholz-Gefäß so viel nach bekanntem Verfahren bereitete, nach Beaumé's Säurenmesser 6 Grad starke essigsaure Thonerdeflüssigkeit, daß man 1 Stück Tuch (5 Pfund) vollkommen darin nässen kann. Zu bemerken ist hierbei, daß man dasselbe stets nur im getrockneten Zustande hinein bringen und es so lange fortwährend darin herumarbeiten lassen muß, bis dasselbe vollkommen von der Beizflüssigkeit durchdrungen ist, alsdann wird dasselbe herausgenommen, von der Beizflüssigkeit gut ausgerungen, möglichst gleichförmig (egal) zum Trocknen aufgehängt, nach bekanntem Verfahren in Weizenkleiestüßigkeit gereinigt, gespült, geklopft und folgendermaßen roth gefärbt.

Man füllt einen kupfernen Kessel oder eine Dampfkufe mit reinem Wasser, erhitzt die Flüssigkeit handheiß und setzt derselben 12½ ℔. St. Martins- oder Costariko-Rothholz im trocken gemahlenen Zustande, 1¼ ℔. Sicilianer oder besten Triester Sumach und 2 ℔. Quercitronrinde hinzu, bringt die gereinigten Zeuche hinein und läßt sie nach dem bekannten Verfahren über dem Haspel fortwährend herumarbeiten, bis die Flüssigkeit nahe am Kochen ist, worauf dann die Zeuche herausgenommen, gespült, getrocknet und nach Belieben mit verschiedenen Beizen bedruckt werden können.

Will man ein Carmoisin (bläuliches Roth) darstellen, so hat man ganz dasselbe Verfahren zu beobachten, nur daß man keine Quercitronrinde dazu in Anwendung bringen kann.

Bei Anwendung der essigsauren Thonerdeflüssigkeit hat man ebenso, wie bei Braun mit Holzessig oder essigsaurem Eisen bemerkt, zu verfahren, nämlich daß man nicht mehr Beizflüssigkeit in das Gefäß bringt, als der Zeuchstoff zum Durchdringen desselben aufnehmen kann. Diese merkwürdige Erscheinung zeigt sich auch beim Beizen der zu echt Roth (Türkischroth) mit Krapp vorbereiten Garne (Twist) und Zeuche; man darf von den Garnen nur 2 Pfund (eine Hand voll) in die Beizflüssigkeit bringen, um in Allem einen günstigen Erfolg zu erzielen.

6.
Eisenblau aus blausaurem Kali.
(Für 25 ℔. (5 Stück) baumwollene Zeuche und Leinewand, für Tafel- und Beizdruck.)

Die eisenblauen Farben erweisen sich zwar gegen die Luft und Laugensalze nicht so dauerhaft, als die aus der kalten Indigoküpe dargestellten, dienen jedoch wegen ihrer Schönheit und Befähigung, durch zweckmäßige Beizmittel für Luxusartikel angenehme Muster (Desseins) auf denselben darzustellen.

Das Färben dieses schönen Blau geschieht auf folgende einfache und praktische Weise.

Man füllt ein Tannenholz- oder ein anderes mit einem Haspel versehenes Gefäß mit reinem kalten Wasser und fügt zu dieser Flüssigkeit 2½ ℔. nach bekanntem Verfahren bereitetes **salpetersaures Eisen**, sowie 20 ℔. käufliches **Zinnsalz**, welches in 2 Berliner Quart (4 Pfund) reinem heißen Wasser gelöst ist.

Ein zweites Tannenholzgefäß füllt man ebenfalls mit reinem kalten Wasser und fügt zu der Flüssigkeit 1 ℔. 18 ℔. käufliches **blausaures Kali** (Blutlaugensalz), welches in 4 Berliner Quart (8 Pfund) reinem heißen Wasser gelöst ist, sowie 20 ℔. **Schwefelsäure** (englisches Vitriolöl), welches mit 2 Berliner Quart (4 Pfund) reinem kalten Wasser verdünnt ist.

Nun kann man das Blaufärben der Zeuche folgendermaßen bezwecken.

Man bringt dieselben im genäßten Zustande zuerst in die salpetersaure Eisen- und Zinnsalzflüssigkeit und läßt sie nach dem bekannten Verfahren über dem Haspel 20 Minuten lang gleichförmig (egal) darin herumarbeiten, hierauf nimmt man sie heraus und läßt sie von der Flüssigkeit etwas abrinnen, bringt sie dann in die mit Schwefelsäure geschärfte blausaure Kaliflüssigkeit, worin dieselben ebenfalls 20 bis 25 Minuten herumgearbeitet werden, nimmt dieselben abermals heraus und bringt sie wieder in die salpetersaure Eisen-

und Zinnsalzflüssigkeit und hierauf wiederholt in die blausaure Kali=
flüssigkeit.

Dieses Verfahren kann so lange wiederholt werden, bis man ein
dem Wunsche entsprechendes schönes volles Blau dargestellt hat. Zum
letzten Mal läßt man die Zeuche jedoch die salpetersaure Eisen= und
Zinnsalzflüssigkeit passiren, worauf dann die Zeuche leicht gespült, an
der Luft ohne Sonne getrocknet werden und für Tafel= und Beizdruck
geeignete Anwendung finden können.

Dadurch, daß man mehr oder weniger salpetersaure Eisenflüssig=
keit und blausaures Kali in Anwendung bringt, werden hellere oder
dunklere eisenblaue Farben erzeugt.

Um ein für den Tafel= und Oeldruck in manchen Fällen sehr volles
Eisenblau zu erzielen, kann man der salpetersauren Eisenauflösung
die Abkochung von 1 bis 2 ℔. **Rothholz** oder auch **Blauholz=
abkochung** hinzusetzen; in diesem Falle darf man jedoch die Schwefel=
säure der blausauren Kaliflüssigkeit erst bei der zweiten Passage hin=
zusetzen.

7.
Hellgelb (Citron=) aus chromsaurem Kali.

(Für 25 ℔. (5 Stück) halb= oder ganzgebleichte Baumwollen= und Leinen=
zeuche, für Tafel= und Beizdruck.)

Die nach früherem Verfahren mittelst essigsaurer Thonerde und
Quercitronrinde erzeugten **hellgelben** Farben sind nicht schön und
lassen sich auch im Beizdruck nicht so vielfach, als die aus chromsaurem
Kali dargestellten nüanciren.

Das Färben derselben wird folgendermaßen vollzogen.

Man füllt ein Tannenholzgefäß mit reinem kalten oder lauwarmen
Wasser, setzt der Flüssigkeit 1 ℔. 18 Lth. käuflichen **Bleizucker**
(essigsaures Bleioxyd) hinzu, welcher in 5 Berliner Quart (10 Pfund)
reinem heißen Wasser gelöst ist, bringt dann die Zeuche hinein und
läßt sie nach dem bekannten Verfahren ½ Stunde lang darin herum=
arbeiten und 1 bis 2 Stunden lang darin verbleiben. Nach Verlauf
dieser Zeit werden sie herausgenommen, von der Flüssigkeit abrinnen
gelassen und folgendermaßen hellgelb gefärbt.

Man füllt ein Gefäß mit reinem handheißen Wasser, fügt zu der
Flüssigkeit 1 ℔. 8 Lth. **rothes chromsaures Kali,** welches gepulvert

und in 4 Berliner Quart (8 Pfund) reinem heißen Waſſer gelöſt iſt, ſowie 5 ℔ käufliche Salzſäure, bringt die vorbereiteten Zeuche hinein und läßt ſie nach dem bekannten Verfahren 20 bis 30 Minuten lang darin herumarbeiten, worauf ſie herausgenommen, leicht geſpült und getrocknet werden und hierauf zum Tafel- oder Beizdruck verwendet werden können.

8.
Goldgelb aus chromſaurem Kali.
(Für 25 ℔. (5 Stück) halb- oder ganzgebleichte Baumwollen- und Leinenzeuche, ſowie für Tafel- und Beizdruck.)

Zur Darſtellung der goldgelben Farbe kann der Bleizucker für ſich allein keine Anwendung finden, ſondern er muß in ein baſiſch-eſſigſaures Bleioxyd (baſiſch-eſſigſaures Blei) umgeſtaltet werden, welches man folgendermaßen bewerkſtelligt.

Man bringt in einen kleinen kupfernen Keſſel oder in eine Dampfkufe 40 Berliner Quart (80 Pfund) reines kaltes Waſſer, ſetzt der Flüſſigkeit 5 ℔. käuflichen Bleizucker hinzu, rührt dieſelbe gut um, erhitzt ſie bis zum Kochen und läßt in derſelben nach und nach bei fortwährendem Kochen 5 ℔. käufliche Bleiglätte löſen, welches in $\frac{1}{2}$ Stunde vollzogen iſt. Hierauf läßt man die nun fertige baſiſch-eſſigſaure Bleiflüſſigkeit erkalten, klärt ſie ſodann vorſichtig vom Bodenſatz in ein von Tannenholz gefertigtes Gefäß ab und bringt ſie nicht nur für Goldgelb, ſondern auch für Orangefarben in Verwendung.

Das Färben des Goldgelb wird folgendermaßen am zweckmäßigſten vollzogen.

Man bringt in ein Tannenholzgefäß eine hinlängliche Menge reines kaltes Waſſer, ſetzt der Flüſſigkeit die Hälfte von der nach dem bekannten Verfahren bereiteten baſiſch-eſſigſauren Bleiflüſſigkeit hinzu, bringt die genäßten Zeuche hinein und läßt ſie nach dem gebräuchlichen Verfahren $\frac{1}{2}$ Stunde lang darin herumarbeiten, worauf ſie dann herausgenommen, von der Flüſſigkeit gut abrinnen gelaſſen oder leicht geſpült und folgendermaßen goldgelb gefärbt werden.

Man füllt zu dieſem Behuf ein hölzernes Gefäß mit reinem kalten oder lauwarmen Waſſer, ſetzt der Flüſſigkeit 25 ℔ rothes chromſaures Kali, welches gepulvert und in 2 Berliner Quart (4 Pfund) reinem heißen Waſſer gelöſt iſt, ſowie 5 ℔ käufliche Salzſäure hinzu, bringt die Zeuche hinein und läßt sie nach dem gewöhnlichen Verfahren ½ Stunde lang darin herumarbeiten, alsdann werden sie herausgenommen, leicht gespült und getrocknet und können in diesem Zustande sowohl für Tafel- als für Beizdruck in Verwendung kommen.

Die basisch-essigsaure Bleiflüssigkeit, die man in Gebrauch genommen hat, kann auch nochmals und zwar zur Darstellung sehr heller gelber Farben verwendet werden.

9.
Orange aus chromsaurem Kali.

(Für 25 ℔. (5 Stück) halb- oder ganzgebleichte Baumwollen- und Leinenzeuche, sowohl für den Tafel-, als auch für den Beizdruck.)

Die Darstellung eines schönen Orange ist seither für die Baumwollenzeuch- und Leinenfärberei eine schwierige Aufgabe gewesen, nämlich dieselben schön, gleichmäßig und billig zu färben. Nach folgendem Verfahren ist das Färben derselben vollkommen zu vollziehen.

Man bereitet die Basis (Beize) nach demselben Verfahren wie zu Goldgelb, nämlich aus 5 ℔. **Bleizucker** und 5 ℔. **Bleiglätte**, klärt die Flüssigkeit vom Bodensatz ab, bringt sie in eine hinreichende Menge von kaltem Wasser und läßt die genäßten Zeuche nach dem bekannten Verfahren ½ Stunde lang darin herumarbeiten; alsdann nimmt man dieselben heraus, läßt sie gut abrinnen, bringt sie sodann in eine Flüssigkeit von reinem kalten Wasser, der man 2 ℔. gelöschten Kalk (Kalkhydrat), welcher in 4 Berliner Quart (8 Pfund) reinem handheißen Wasser gelöst ist, hinzusetzt, und läßt sie nach dem bekannten Verfahren ½ Stunde lang darin herumarbeiten, worauf sie wieder herausgenommen, am Fluß gut gespült und folgendermaßen mit chromsaurem Kali gelb gefärbt werden.

Man füllt ein hölzernes Gefäß mit reinem kalten oder lauwarmen Wasser, setzt der Flüssigkeit 1 ℔. 18 ℔th. **rothes chromsaures Kali** und ½ ℔. **Alaun**, welcher gepulvert und in 4 Berliner Quart (8 Pfund) reinem heißen Wasser gelöst ist, hinzu, bringt die gespülten Zeuche hinein und läßt sie nach dem gebräuchlichen Verfahren 15 bis 20 Minuten lang gleichförmig darin herumarbeiten, worauf sie herausgenommen und derselben Flüssigkeit noch 10 ℔th. **Schwefelsäure** (englisches Vitriolöl), welche mit 1 Berliner Quart (2 Pfund) reinem kalten Wasser verdünnt ist, hinzugefügt wird. Die Zeuche werden sodann wieder hineingebracht und 15 bis 20 Minuten lang darin herumgearbeitet. Man hat nun hierdurch ein gleichmäßiges (egales) schönes Gelb erzeugt, welches der nothwendige Grund zur Darstellung eines schönen Orange ist, die man auf folgende Weise vollzieht.

Man läßt die gelb gefärbten Zeuche von der Flüssigkeit gut abrinnen oder leicht spülen, füllt einen kupfernen Kessel oder eine Dampfkufe mit reinem Wasser, bringt die Flüssigkeit an's Kochen und setzt derselben 2 ℔. 10 ℔. nach bekanntem Verfahren im Wasser zu Pulver gelöschten Kalk hinzu, rührt nun die Flüssigkeit gut um, bringt die gelb gefärbten Zeuche hinein und läßt sie schnell und gleichmäßig kochendheiß 15 bis 20 Minuten lang darin herumarbeiten, wonach sich das Orange vollkommen schön darstellt. Die Zeuche werden dann herausgenommen, im Fluß gut gespült, getrocknet und können nun sowohl zum Tafel- wie zum Beizdruck geeignete Verwendung finden.

Die praktische Erfahrung hat gelehrt, daß man den zum Orangiren nöthigen Kalk nicht in naßgelöstem Zustande der Flüssigkeit hinzusetzen darf. Der hierzu nöthige trocken gelöschte Kalk (Kalkhydrat) wird am zweckmäßigsten durch ein Sieb geschlagen und in diesem Zustande der kochendheißen Flüssigkeit hinzugesetzt.

Die schon in Gebrauch gewesene basisch-essigsaure Bleiflüssigkeit kann ohne Zusatz zum Beizen hellgelber Farben Verwendung finden.

10.
Echt Grün aus der kalten Indigo-Küpe und Quercitronrinde.

(Für 25 ℔. (5 Stück) ausgekochte oder halb- oder ganzgebleichte Baumwollen- oder Leinenzeuche, zum Tafel- und Beizdruck.)

Die Darstellung der grünen Farben wird für den Baumwollenzeuch- und Leinendruck sehr verschieden vollzogen, nämlich der echt grünen in Verbindung der indigoblauen der kalten Küpe mit Quercitronrinde, Wau oder Gelbholz, dem chrom- und blausaurem Kali und dem sächsischen Blau (Lappen-Indigo-Tinctur, Arsenikgrün [Giftgrün]).

Das dauerhafteste Grün wird jedoch aus dem Blau der kalten Indigo-Küpe in Verbindung mit Wau oder Quercitronrinde erzeugt; letztere findet hierzu vorzüglich Verwendung.

Das Grünfärben wird nach folgender Methode am zweckmäßigsten vollzogen.

Die Zeuche werden nach dem bekannten Verfahren in der kalten Indigo-Küpe erst blau gefärbt, sodann in reinem Wasser durch Zusatz von etwas Schwefelsäure gereinigt (abgezogen), hierauf gespült, in nassem Zustande durch eine nach Beaumé's Säurenmesser 4 Grad Stärke habende essigsaure Thonerdeflüssigkeit gedrückt, von der Flüssigkeit gut abgewunden, möglichst gleichförmig getrocknet und nach dem bekannten Verfahren wie bei Roth in Weizenkleieflüssigkeit gereinigt, wiederholt gespült, geklopft und folgendermaßen mit Quercitronrinde grün gefärbt.

Man füllt hierzu einen kupfernen Kessel oder eine Dampfkufe mit reinem Wasser, erhitzt dasselbe lauwarm, fügt 5 ℔. Quercitronrinde hinzu, welche vorher in reinem warmen Wasser gelöst worden, und bringt dann die blau gefärbten, gereinigten und gespülten Zeuche hinein, welche nun bei einer bis scharf handheiß gesteigerten Hitze fortwährend darin herumgearbeitet werden. Nachdem dies geschehen, werden sie herausgenommen, gespült, getrocknet, und sind nun geeignet, zum Tafel- und Beizdruck verwendet zu werden.

Dadurch, daß man den Zeuchen einen helleren oder dunkleren blauen Küpengrund ertheilt und dazu nach Verhältniß Quercitronrinde in Gebrauch nimmt, werden hellere oder dunklere grüne Farben erzeugt.

Zweckmäßiger ist es, zum Färben dieses Grün sich einer Abkochung von Quercitronrinde zu bedienen.

In einigen Zeuchdruckereien und Färbereien brachte man bisher anstatt der essigsauren Thonerdeflüssigkeit neutralen Alaun in Verwendung; der hieraus entspringende Vortheil ist aber nur unbedeutend, da mit demselben keine so schöne, dauerhafte grüne Farben erzeugt werden.

Die neutrale Alaunflüssigkeit wird folgendermaßen bereitet.

Man bringt in ein Tannenholzgefäß 10 Berliner Quart (20 Pfund) reines handheißes Wasser und läßt in der Flüssigkeit bei fortwährendem Umrühren 2 ℔. gepulverten Alaun lösen, setzt sodann, ebenfalls beim Umrühren, nach und nach 8 ℔. Pottasche oder krystallisirte Soda oder auch 12 ℔. gepulverte Kreide hinzu und klärt nach einigen Stunden die Flüssigkeit ab, worauf sie zur Verwendung brauchbar ist.

11.
Maigrün aus Quercitronrinde und Lappen-Indigo-Tinctur.
(Für 25 ℔. (5 Stück) halb- oder ganzgebleichte Baumwollen- und Leinenzeuche, zum Tafel- und Beizdruck.)

Dieses schöne, jedoch gegen Luft und Laugensalze nicht dauerhafte Grün findet im Zeuchdruck und der Färberei nur für Luxusgegenstände Verwendung. Das Färben desselben geschieht, wie in Folgendem gezeigt werden wird.

Die Zeuche werden in genäßtem, besser in trockenem Zustande in eine nach Beaumé's Säurenmesser 4 Grad starke essigsaure Thonerdeflüssigkeit gebracht, nach bekanntem Verfahren darin herumgearbeitet, von der Flüssigkeit gut abgerungen, gleichförmig getrocknet, in Weizenkleieflüssigkeit gereinigt, gespült und geklopft, und hierauf nach folgendem Verfahren erst gelb gefärbt.

Man füllt einen kupfernen Kessel oder eine Dampfkufe mit reinem Wasser, erhitzt die Flüssigkeit handheiß und setzt derselben die Abkochung von 5 ℔. Quercitronrinde hinzu, bringt die gereinigten Zeuche hinein und läßt sie nach dem bekannten Verfahren handheiß $1/2$ Stunde lang fortwährend darin herumarbeiten; alsdann werden sie herausgenommen, nicht gespült und folgendermaßen grün gefärbt.

Einen kupfernen Kessel oder ein Holzgefäß füllt man mit reinem lauwarmen Wasser, setzt der Flüssigkeit 25 Lth. Alaun, welcher in 2 Berliner Quart (4 Pfund) reinem heißen Wasser gelöst ist, und so viel nach dem bekannten Verfahren bereitete Lappen-Indigo-Tinctur hinzu, daß die Flüssigkeit die nöthige blaue Farbe zeigt, welches sich leicht beurtheilen läßt; es ist jedoch zweckmäßiger, zuerst nicht zuviel derselben in Anwendung zu bringen. Dann bringt man die gelb gefärbten Zeuche hinein, läßt sie nach dem bewußten Verfahren $1/2$ Stunde lang fortwährend darin herumarbeiten und bei oftmaligem Umhaspeln einige Stunden lang darin verbleiben, alsdann werden sie herausgenommen, nicht gespült, von der Flüssigkeit möglichst gleichmäßig (egal) abgerungen und im Schatten getrocknet. Sie sind somit fertig und können daher für den Tafel- und Beizdruck in Anwendung gebracht werden.

Kann man sich in den Besitz eines durchaus säurefreien Indigo-Carmins setzen, so kann derselbe anstatt der Lappen-Indigo-Tinctur in Gebrauch genommen werden.

In einigen Zeuchdruckereien und Färbereien Englands ertheilt man den Zeuchen einen Grund mit Sumach (Schmakiren), beizt sie in neutraler Alaunflüssigkeit und färbt dieselben, ohne sie zu trocknen, gleich im nassen Zustande moigrün. Die nach diesem Verfahren erzeugten Farben zeigen sich aber trübe und verursachen auch einen größern Aufwand an färbendem Pigment.

12.
Schwarz aus holzessigsaurem Eisen und Blauholz.

(Für 25 ℔. (5 Stück) baumwollene und leinene Zeuche, zum Tafel-, Beiz- und Oelbruck.)

Die Darstellung der schwarzen Farbe für Baumwollen- und Leinenzeuche wird, wie bekannt, sehr verschieden vollzogen, jedoch für den Zeuch-, Bunt- und Beizdruck ist das Färben desselben aus holzessigsaurem Eisen und Blauholz das zweckmäßigste, denn man erlangt hierdurch nicht allein ein sehr volles, sondern auch dauerhaftes Schwarz. Das Färben desselben geschieht auf folgende zweckmäßige Weise.

Man füllt ein kupfernes oder hölzernes Gefäß mit holzessigsaurem Eisen in der Stärke von 5 Grad nach Beaumé's Säurenmesser, bringt die ausgekochten, halb oder völlig gebleichten Zeuche im trocknen Zustande hinein und läßt sie im einzelnen Stück (von 5 Pfund Gewicht) nach bekanntem Verfahren sorgfältig darin herumarbeiten, alsdann herausnehmen, von der Flüssigkeit gut ausringen, gleichförmig trocknen und nach bekanntem Verfahren in Weizenkleieflüssigkeit reinigen und dann spülen, worauf sie folgendermaßen schwarz gefärbt werden.

Zu diesem Ende füllt man einen kupfernen Kessel oder eine Dampfkufe mit reinem Wasser, erhitzt die Flüssigkeit handheiß und setzt derselben 10 ℔. Blauholz im trocknen und gemahlenen Zustande, sowie 1¼ ℔. Triester Sumach hinzu, bringt die gereinigten Zeuche hinein und läßt sie bei steigender Hitze bis zum Kochen darin herumarbeiten, alsdann werden sie herausgenommen, gespült, getrocknet, und können darnach zu jedem Behuf in Verwendung gebracht werden.

In einigen Zeuchdruckereien Englands ertheilt man den Zeuchen nach obigem Verfahren mit holzessigsaurem Eisen den nöthigen Grund (Mordant), bringt dieselben demnach in eine schwache Kalklaugenflüssigkeit (für 1 Stück ½ Pfund abgeklärten Kalk), und färbt sie darauf mit Blauholz nach dem bekannten Verfahren schwarz.

13.
Silbergrau aus Gallus (Galläpfel).

(Für 25 ℔. (5 Stück) Baumwollen- und Leinenzeuche zum Behuf des Tafel- und Beizdrucks.)

Die Darstellung der silbergrauen Farben und deren Abstufungen (Nüancen) kann sehr verschieden vollzogen werden. Früher unterzog man diese grauen Farben einer Beizflüssigkeit (Mordant) aus einer Zusammensetzung von essigsaurer Thonerdeflüssigkeit, holzessigsaurem Eisen, Blaustein ꝛc., welche Zusammensetzung noch beim Walzendruck in Anwendung kommt. Nach folgendem Verfahren sind jedoch für Tafel- und Beizdruck die grauen Farben vollkommen darzustellen.

Man füllt einen kupfernen Kessel oder eine Dampfkufe mit reinem Wasser, erhitzt die Flüssigkeit scharf handheiß und setzt derselben die Abkochung von 10 ℔. Gallus (Galläpfel) und 15 ℔. Sicilianer Sumach hinzu, bringt die ausgekochten oder halbgebleichten Zeuche hinein und läßt sie ½ Stunde lang fortwährend darin herumarbeiten; alsdann werden sie herausgenommen, von der Flüssigkeit gut abrinnen gelassen und folgendermaßen gedunkelt.

Hierzu füllt man ein Gefäß mit reinem kalten Wasser, setzt dieser Flüssigkeit 15 ℔. Eisenvitriol (Kupferwasser), welcher in 2 Berliner Quart (4 Pfund) reinem heißen Wasser gelöst ist, hinzu, bringt dann die vorbereiteten Zeuche hinein und läßt sie nach dem bekannten Verfahren ½ Stunde lang darin herumarbeiten; hierauf werden sie wieder herausgenommen, gespült und getrocknet, und können dann sowohl für Tafeldruck, als auch für Beizdruck geeignete Verwendung finden.

Dadurch, daß man der obengedachten Eisenvitriolflüssigkeit etwas in reinem Wasser gelösten Alaun hinzusetzt, erzielt man ein röthlicheres Grau.

14.
Chamois aus holzessigsaurem Eisen.

(Für 25 ℔. (5 Stück) Baumwollen- oder Leinenzeuche in halb- oder völlig gebleichtem Zustande.)

Die Darstellung der Chamoisfarben kann man sehr verschieden vollziehen; ein genaues Quantum der dazu nöthigen Substanzen läßt sich nicht leicht bestimmen, das Färbverfahren ist jedoch der Art, daß man leicht jede gewünschte Stufe der Chamoisfarbe erzielen kann.

Nach folgendem Verfahren ist das Färben derselben am vollkommensten zu bezwecken.

Man bringt in ein hölzernes Gefäß 10 Berliner Quart (20 Pfund) holzessigsaures Eisen von 5 Grad Stärke nach Beaumé's Säurenmesser und setzt dieser Flüssigkeit 2 ℔. Bleizucker hinzu, welcher in 5 Berliner Quart (10 Pfund) reinem heißen Wasser gelöst ist. Alles dies wird dann gut umgerührt, worauf man die Flüssigkeit klären muß, um auf folgende Weise zum Chamoisfärben in Anwendung gebracht werden zu können.

Man füllt hierzu ein hölzernes Gefäß mit reinem kalten oder lauwarmen Wasser, setzt der Flüssigkeit eine hinreichende Quantität von dem bereiteten Eisenansatz hinzu, bringt die Zeuche hinein und läßt sie 20 bis 30 Minuten lang darin herumarbeiten; alsdann werden sie herausgenommen, an der Luft gut abgekühlt und folgendermaßen geschönt, zu welchem Behuf man ein Gefäß mit reinem kalten Wasser füllt, der Flüssigkeit einige Berliner Quart kaustische Lauge hinzusetzt, die Zeuche hineinbringt und 20 bis 25 Minuten lang darin herumarbeitet. Ist dies beendigt, so werden sie herausgenommen, gespült und getrocknet und können sodann zum Tafel- und Beizdruck verwendet werden.

In einigen Zeuchdruckereien und Färbereien stellt man den Chamoisansatz anstatt aus holzessigsaurem Eisen aus Eisenvitriol (schwefelsaurem Eisen) dar, der Zweck wird aber hierdurch nie so vollkommen erreicht werden.

Druck von J. F. Fischer's Buchdruckerei in Dresden.